Jacques Necker

Bemerkungen über Ludwigs Schicksal an die französische Nation

Jacques Necker

Bemerkungen über Ludwigs Schicksal an die französische Nation

ISBN/EAN: 9783743371835

Hergestellt in Europa, USA, Kanada, Australien, Japan

Cover: Foto ©ninafisch / pixelio.de

Manufactured and distributed by brebook publishing software (www.brebook.com)

Jacques Necker

Bemerkungen über Ludwigs Schicksal an die französische Nation

Bemerkungen

über

Ludwigs Schikfal an die Französische

Nation

von Hrn. Neker.

mit

einem Anhange von der

Vertheidigungs Rede

des Herrn

de Seze.

Aus dem Französischen übersezt.

Paßau, gedruckt und verlegt bei Niklas Ambroß.

1793.

Vorrede des Uibersetzers.

Ist Ludwig der XVI. schuldig oder nicht, kann und wird er gerichtet werden? Ist gegenwärtig beynahe die einzige Frage, mit der sich jede Menschenklasse beschäftigt. Daß die Antworten und Meynungen hierüber sonderbar ausfallen müssen, läßt sich aus der Ursache denken, weil ein grosser Theil dieser Menschen, oder gar keine, oder nur seichte und schiefe Begriffe von den Eigenschaften und dem Betragen dieses unglücklichen Fürsten hat.

Diese Uiberzeugung brachte mich auf den Entschluß, die Vertheidigungsschrift des Herrn Neckers (ehemaligen Finanzministers von Frankreich) ins deutsche zu übersetzen, weil
ich

ich gewiß glaube, jener Theil des deutschen Publikums, der bisher blos aus Mangel richtiger Begriffe von dem wahren Betragen Ludwigs in seinen Urtheilen wider ihn zu voreilig war, werde sich daraus eines bessern belehren, und von nun an diesen unglücklichen Fürsten nicht nur bedauern, sondern in banger Erwartung einem glücklichen Ausgange für ihn entgegen harren.

Was die Uibersetzung betrift, so erkläre ich noch, daß mich keine satyrische Geisel aus dem Traume einer Selbstzufriedenheit über die volle Richtigkeit derselben wecken kann. Ich gestehe selbst gerne ein, daß ich von dem sprachkundigen Leser eine Nachsicht brauche, welche mir doch wahrscheinlich die Wahl des Werks sowohl, als mein eigenes Geständniß erwerben wird.

Paßau, den 25. Jäner 1793

F. B.

Vorrede des Verfaßers.

Ungewiß, ob ich in den gegenwärtigen Umständen in Frankreich, meinem Wunsch gemäß, ohne Anstand diese schwache Vertheidigung des unglücklichsten Fürsten werde verbreiten können, bitte ich diejenigen, die hiezu etwas beyzutragen vermögen, vereint mit meinen Absichten zu Werke zu gehen. Dabey werden sie nicht Gefahr laufen, mit in die Sache verwikelt zu werden; denn ich war sorgfältig darauf bedacht, Niemanden zu beleidigen, und mit voller Uiberzeugung glaube ich jene Mäßigung beybehalten zu haben, welche mir das Verlangen eines guten Erfolges

ges einflößen mußte. Uibrigens trete ich weder mittelbar noch unmittelbar irgend einer politischen Meynung zu nahe, und in dieser Voraussetzung hoffe ich weder der Nation, noch ihren Representanten zu mißfallen.

Den 30sten Oktober 1792.

Necker.

Be-

Bemerkungen
Uiber Ludwigs Schicksal an die französische Nation.
von Herrn Necker.

Seit Karl dem Großen hat ein einziger von allen Königen, die Frankreich beherrschten, der allgemeinen Freyheit eine unerschütterliche Grundfeste geben wollen — ein einziger, ob er gleich mit einem getreuen Heere umgeben, und mit unbegränzter Macht versehen war, hat aus eigenem Antriebe seinem Ansehen selbst Gränzen gesetzt — ein einziger war es, der eines Tages seiner Nation zurief — kommet, ich will meine Macht mit euch theilen, schenkt mir nur mehr Liebe dafür. — Nur einer hat sich mit aller Selbstverläugnung blos jene Vorzüge vorbehalten, die schon lange für ein Eigenthum seiner Krone betrachtet wurden, und allen denjenigen, welche er der allgemeinen Ordnung, und dem Wohl Frankreichs für unzuträglich hielt, freywillig entsagt, oder sie gleichsam auf dem Altar des Vaterlandes geopfert — und dieser Monarch, dieser nämliche Monarch, der bereits alle ersinnlichen Beschimpfungen erduldet, und die empfindlichsten Unfälle ausgestanden hat, sieht sich gegenwärtig in ein enges Gefängniß eingesperrt, wo er dem Unge-

Ungemache der schrecklichsten Gefangenschaft unterworfen ist. Von aller Welt abgesondert, erfährt er da von Zeit zu Zeit, daß sein Glück und sein guter Name zu Grunde gehe; dahin kömmt man, um ihm auch noch die letzten Zeichen seiner vorigen Größe abzunehmen; und dahin wird man vielleicht eines Tags kommen, um ihn mit aller möglichen Herabwürdigung eines Angeklagten zu einem wider ihn schon zum voraus eingenommenen Gericht vorzuladen — zu einem Gerichte, dessen Gewalt, ohne der großmüthigen Gesinung und dem geschenkten Vertrauen von Seite eines Königes, den ihr selbst den Wiederhersteller der französischen Freyheit genennet habt, heute nicht bestehen würde.

Dieser in den Jahrbüchern Frankreichs so merkwürdige Zeitpunkt kann unmöglich in eurem Gedächtniße schon erloschen seyn, und zweifelt nicht daran, die Geschichte wird ihn verewigen. Großer Gott! wie auffallend wäre es, wenn man einst die allgemeinen, und häuslichen Tugenden eines unglücklichen Monarchen, dieses herrliche Denkmal zugleich, und mit der nämlichen Feder aufgezeichnet fände, welche die schrecklichsten Greuelthaten, und den wildesten Undank gegen ihn schildert. Demungeachtet getraut sich doch selbst im Schooße Frankreichs in der Mitte eines Königreichs, dessen Schicksal mit den erhabnen Voreltern Ludwigs XVI durch volle neunhundert Jahre so eng verbunden war, Niemand laut zu Gunsten dieses Fürsten zu reden — nur im Stillen beweint man sein Unglück, wohl aber bemüht man sich ihm öffentlich, und durch alle Gattungen Schriften die Volksgunst zu entziehen, und der ganzen Welt eine schlechte Meynung von ihm beyzubringen.

Gewiß

Gewiß steht es einem alten Minister dieses Monarchen und einem Zeuge seiner Tugenden sowohl als seiner Wohlthaten zu, sich an die Spitze seiner Vertheidiger zu stellen, wie wohl mir bey Entstehung dieses Gedankens die Empfindungen meiner Seele keine Zeit gelassen haben, zu diesem Unternehmen meine Kräfte abzumessen.

Aber! wird man mich hören, nachdem den Freunden der unterdrückten Unschuld alle Zugänge versperret sind? und wird wohl meine schwache Stimme durch das Geräusch der Leidenschaften, und durch die Mitte des Getöses, das eine schädliche Politik erreget, und nach ihrem Willen lenkt, dringen können? Wenigstens werde ich es versuchen! und ich vertraue diese Zeilen, welche ich mit zitternder Hand, und mit voller Regung eines beklemmten Herzens niederschreibe, dem Schutze großmüthiger und gefühlvoller Seelen.

Ungescheut, Frankenvolk! werde ich dir es sagen — in diesem merkwürdigen Augenblicke handelt es sich vielleicht um deine Ehre, und um deinen Ruf bis in die späteste Nachwelt; denn du wirst, nachdem du deinen König unterjocht, und deinen Gefangenen den Dekreten deiner Allmacht unterworfen hast, selbst vor dem Richterstuhle der Nachkommenschaft erscheinen, und ohne Zweifel noch da zu durch deine Reue, und deine zu späten Gewissensbisse Rechenschaft geben müssen.

Uibereilet euch nicht Franken! nicht zerstreute, und unvermuthet in dem Kabinete des Königs, oder in dem Schreibschranken seiner Schatzbeamten entdeckte Papiere

plere nicht einige Inzichten die verschiedenen Ausdeutungen
unterliegen, werden hinreichend seyn, euch von dem Vor-
wurfe einer zu grossen Strenge gegen einen Monarchen,
der durch seine Unglücksfälle der Gegenstand des allgemeinen Interesse geworden ist, zu befreyen. Vorzüglich aber
werdet ihr euch vergebens bemühen, die Ansprüche, welche er schon so lange auf eure Hochachtung und auf eure
Dankbarkeit hat, gegenwärtig von seiner Streitsache ab-
zusöndern — die Stimme aller Völker wird euch unaufhörlich daran erinnern, und die ausgesuchtesten Beweis-
thümer, die ihr aus einem sonderheitlichen Umstande
ziehen wollet, so wie die Urtheile, welche ihr über einzelne Thatsachen zu fällen vorhabt — ja selbst der ganze Prozeß, in dem sich nothwendig die vielen Leidenschaften
durchkreutzen müßen, wird die allgemeine Meynung nicht
anstimmen; denn bey öffentlichen Streitigkeiten beurtheilen die Nationen, und selbst Jahrhunderte die Gerechtigkeit der Könige, und der Völker, allzeit nur nach sicht-
baren, und besonders merkwürdigen Thatsachen.

Die Zeit zerstreuet durch ihren raschen Gang un-
aufhaltsam diese unbedeutenden Anklagen, welche mehr
oder weniger Glauben verdienen, und denen der Parthey-
geist nur in dem Augenblicke ihrer Entstehung so viel
Gewicht verschaft — diese Zeit stürzt sie alle in die ewige Vergessenheit, so wie die Zahlsteine, welche ihren
Lauf bezeichnen, dem Andenken der Menschen nur jene
Wahrheiten überliefern, welche Theilnahme, und Glauben verdienen, und die nicht das Gepräge tobender Leidenschaften auf sich haben.

Von nun an folgen die auswärtigen Nationen dem Lichte dieser erhabenen Wahrheiten, und Europa schöpft blos aus moralischen Betrachtungen, die diesfalls der sicherste Leitfaden sind, über die dem Könige gemachten Anschuldigungen folgende Bemerkungen:

Gleich anfangs fällt die mißliche Lage, in die man ihn versetzet hat, auf. In der That, alle Gattungen Schriften mußten dazu dienen, Jedermanns Meynung gegen ihn zu richten. Man streute einzelne kleine Blätter aus, und die zerschiedenen Papiere, deren man sich bemächtigt hatte, mußten hiezu die ausgesuchtesten Beyträge liefern, diesen wurden dann Erläuterungen beygesetzt, welche nichtsbedeutenden Umständen Gewicht geben, und den bloßen Schein als Thatsache aufstellen mußten; diese Sammlungen versendete man in alle Departemente und Municipalitäten, ja man befahl sogar, sie auf den Kanzeln und in den öffentlichen Orten zu verlesen; und seitdem man sich des Volksgeistes ganz bemächtiget, und durch allgemeine sowohl als besondere Maasregeln Schrecken unter alle jene verbreitet hat, welche es vielleicht gewagt haben würden, für die Sache eines unglücklichen Monarchen zu sprechen, beweiset ihr dumpfes Stillschweigen deutlich genug, daß das geringste Mitleid für ihn mit der Strafe der Verbannung verbunden wäre. Welcher guter Name, welche Unschuld müßte nicht der Wirkung solcher Anstalten unterliegen! Oder würden wohl die Pflichten der Gerechtigkeit schon dadurch erfüllet, wenn man dem Könige einst nur die Selbstvertheidigung nicht abspricht? Was nützt so ein Recht, was so eine Freyheit? wenn schon alle Gemüther zum voraus gestimmt, und seit langer Zeit dazu vereiniget sind? Nur in dem Augenblicke, wo die Vorurtheile entstehen, und sich zu zeigen beginnen, muß man sie zu bekämpfen wissen; denn wenn sie einmal reif sind, so hat die schwache und zitternde Hand eines einzigen Mannes — eines Mannes, der unter der Last seines Unglücks seufzet, sie zu vertilgen nicht mehr Macht genug. Nun nachdem man den Angeklagten seines guten Namens beraubt, ihm die seinem Karakter zuständige Ehrfurcht abgesprochen, und jedes Andenken, das zu seinen Gunsten hätte sprechen müssen, ausgelöscht hat, was soll der Monarch, was sollen seine Vertheidiger mehr vermögen, wenn man sie auch zur Sprache kommen ließe? Einst kostete es nicht so viel, einen Phozion, einen Aristides, und einen Sokrates zu stürzen, und wiewohl sie nicht ganz schuldlos waren, so stunden doch der Verläumdung die unzähligen Zugänge nicht offen, welche in aller Rücksicht das Betragen eines Königs, den das Schicksal zum Oberhaupt eines großen Staates, und noch dazu in Mitte einer beyspiellosen Revolution bestimmet hat, darbieten muß.

In weniger kritischen Zeiten, als die unsrigen sind, würde es zur Vertheidigung des Königs mehr als hinreichend gewesen seyn, wenn man nur das angeführt hätte, was er für die französische Nation gethan hat; denn kein Verbrechen wäre so groß, daß nicht seine ausgezeichnetsten Handlungen großmüthiger Gutthätigkeit aufwiegen, und selbst wenn es nothwendig wäre, ganz entschuldigen könnten. Ich muß mir daher selbst Gewalt anthun, wenn ich den Gebrauch dieser Vertheidigung blos verschiebe, und gegenwärtig einzig mich darauf einschränke, die wider diesen Fürsten angebrachten sonderheitlichen Beschuldigungen zu untersuchen. Ich will ihn jetzt blos betrach-

betrachten, wie er gegenwärtig ist, ohne auf seine sechzehnjährige Regierung, die er mit Tugenden und besonderer Liebe für sein Volk bezeichnete, Rücksicht zu nehmen. Mit diesen Verdiensten soll er also erst vor der Nachwelt auftreten, jetzt wollen wir ihn nur einen Augenblick von diesem mächtigen Vortheile entblößen, und ohne in seinem vorigen Betragen Schutz zu suchen, können wir auf der Stelle durch eine umständliche Erörterung die Vorwürfe seiner Ankläger vernichten. Nichts destoweniger mißbillige ich zum voraus diese Vertheidigungsart, die für Könige nie anwendbar ist; ihr Amt ist so wichtig, ihr Leben so geschäftsvoll, und ihr Wille wegen dem Zusammenflusse mehrerer Beweggründe und Umstände so gezwungen, daß es ungerecht wäre, sie nach den nämlichen Gesetzen, und nach den nämlichen Beweisen wie andere Menschen zu beurtheilen, vielmehr muß man sie schon während ihrer Regierung so betrachten, als spielten sie schon dermalen eine Rolle in der Geschichte, und nur in der Entfernung kann man ihren Werth oder Unwerth bestimmen; denn bey einem Monarchen werden die Handlungen nach dem Manne und seinem Karakter abgemessen, wo im Gegentheile blos aus den Handlungen eines Privaten der Mann erkennt wird.

Gegenwärtig will ich meine ganze Aufmerksamkeit auf den 10ten August richten, und laut fragen, ob man vor den Augen Europens dem unglücklichsten Fürsten, wegen den Maßregeln, die er zu seiner Sicherheit genommen hatte, einen Vorwurf machen könne, und vorzüglich ob es möglich sey, daß sich aus Vorsichten dieser Art auf eine feindliche Absicht und einem Revolutionsplan schließen lasse. Wäre es nur möglich, die Gedanken und das Gewissen

wissen der Menschen zu durchsehen, gewiß ich dürfte mich ohne Anstand selbst auf die geheimen Gesinnungen derjenigen bernsen, welche die ersten waren, die diesen Lärmen verbreitet, und diesen Argwohn unterhalten haben. Es giebt Muthmaſſungen, die so unwahrscheinlich sind, daß sie von selbst zerfallen, und die einnehmendsten Schleichreden so wenig, als die Beweise, sie mögen so weit sie wollen hergeholet seyn, sind vermögend genug, denselben Gründlichkeit zu geben. Erstaunt liest Europa diese lächerliche Behauptungen, und fragt sich; wie der König mit 12 bis 1500 vertrauten Vertheidigern einen Angriff gegen die unzähligen Stürmer seines Schlosses, und gegen das ganze Volk von Paris hätte wagen können — wie sich dieser Angriffsplan mit der Verbindung der Volksmagistrate im Bezuge auf die zur Bewachung der Thuilerien genommenen Maaßregeln und mit allen den Merkmalen von Angst und Schrecken zusammen reimen laſſen, welche diese Schritte begleitet haben — wiederholt fragt Europa, wie sich dieser Angrifsplan mit den wiederholten dringenden Bitten vertragen, welche der König noch früh Morgens an die Nationalversammlung stellte, um sie zu bewegen, daß man ihm Deputirte schicken möchte, mit welchen er sich über sein Benehmen verabreden könnte? Endlich, wer kann sich an den 2ten Juny erinnern, und dem König noch ein Verbrechen daraus machen, daß er sich bemühte, den offenbaren Anstalten, welche auf Erregung eines neuen ähnlichen Aufstandes abzielten, Einhalt zu thun? Beynahe durch 4 volle Stunden war er den grausamsten Mißhandlungen ausgesetzt — sein, und der Königinn Leben waren in der augenscheinlichsten Gefahr, und beyde entkamen nur durch ein Wunder den Ausschweifungen einer irregeführten Volksmenge.

menge. Die Drohung und die Zubereitungen zu einem zweyten ähnlichen Ausbruche mußte ganz natürlich Schrecken hervorbringen. Ein bloßer Privatmann hätte gewiß sein Heil in der Flucht gesucht; allein der König, der immer das Opfer, und nie glücklich bey seiner Größe war, fand sich hier schlechterdings in die Nothwendigkeit versetzt, zu jenen Mitteln seine Zuflucht zu nehmen, deren er sich wirklich bedienet hat. Ach! es war nicht blos um sein, und seiner Familie Leben, sondern auch um die Ehre Frankreichs zu thun, die durch einen, so greulichen Angriff auf seine Person für beständig geschändet worden wäre. Wie soll man keinen Antheil an seiner Lage nehmen, wenn man in zwo gleich merkwürdigen Epochen seines höchsten Unglückes den Unterschied seines Betragens beobachtet? Am 10ten August sieht er vor, daß er vielleicht wird genöthiget werden — Gewalt mit Gewalt abzutreiben, und da, mehr um andere Opfer als um sich selbst bekümmert, ängstigt er sich, wird unruhig, äussert Bangigkeit und Zweifel, und schickt Bothen über Bothen an die Nationalversamlung um Deputirte, die ihm mit Rath beystehen können, und von denen er hoft, daß sie durch ihre Ermahnungen den Absichten eines verblendeten Haufens noch Einhalt thun werden. Hingegen am 20ten Juny, wo weder Gefechte noch blutiger Streit zu befürchten war, und er allein in Gefahr schwebte, geht er übermacht einem mit Picken und verschiedenen andern Mordgewehren bewaffneten Haufen entgegen, befiehlt, daß man die Thüre seines Zimmer öffne, hält auch den brennenden Muth der wenigen Menschen, die ihn umgaben, auf, überläßt sich ruhig der Gefahr, die er ahndete, stellt sich muthig den drohenden Blicken eines verirrten Volkes entgegen, und als sich ihm an diesem schrecklichen Tage groß-
müthige

müthige Bürger nähern und zur Schutzwehre dienen wollen, sagte er ihnen wiederholt: geht zur Königin, bleibt bey ihr! Sie allein lag ihm am Herzen, und dieses natürliche Gefühl veranlaßte allein in Mitte der Gefahren die Furcht, die man an ihm wahrnahm. Grosser Fürst! der ein bessers Schicksal verdiente, zu spät wird man den Glanz deiner Tugenden, und die Großmuth deiner Gesinnungen erkennen.

Der König, sagt man, hat die Emigranten besoldet, hat ihre feindlichen Anschläge begünstigt, und den Einmarsch fremder Heere veranlaßt. Von der Ungerechtigkeit dieses Vorwurfs ist ganz Europa überzeugt, denn allen politischen Kabineten ist die Sorgfalt, die der König zur Erhaltung des Friedens angewendet hat, nicht unbekannt. Unglücklicher Monarch! jetzt beschuldiget man dich kriegerischer Absichten, und noch unlängst rechnete man es dir zum Verbrechen, daß du den Krieg sorgsam vermieden wissen wolltest, man hetzte das Volk auf, damit es dich zur Kriegserklärung zwingen sollte, und laut schrie man, du ließest geflissentlich dem Wienerhofe Zeit, sich in besseren Vertheidigungsstand zu setzen. Grausames Geschick! Ist das Blut zweyer deiniger Minister, die als Opfer ihrer friedlichen Gesinnungen fielen, nicht Beweis genug zu deiner Rechtfertigung, da doch solches beinahe einzig auf deine Rechnung floß? und nachdem sie durch das Schwerdt der Meuchelmörder entkommen, nachdem sie großmüthige Blutzeugen ihrer menschlichen Gesinnungen, und ihrer Ergebenheit gegen den Wunsch, den du für die Ruhe Frankreichs hegtest, geworden waren, bleibt wohl noch ein Zweifel, daß nicht ihr grausamer Tod der redendste Beweis von der Lauterkeit deiner Absichten ist? Die Bekannt-

kanntmachung des von den zween Staatsſekretairen unter-
haltenen Briefwechſels würde Frankreich allemal von den
friedlichen Geſinnungen überzeugen, die alle ihre Schritte
lenkten, wenn man alſo noch länger darauf beſtünde, dem
Könige wegen dem Einfalle fremder Truppen Vorwürfe zu machen, ſo wäre es das gröſte Verbrechen, dieſe Korreſpon-
denz noch zu verhelen. Aber darum würde der Verluſt
zweyer für ihn ſo koſtbaren Zeugen nicht minder ſchmerz-
lich bleiben; weil nur ſie allein mit ſeinen innern Geſinnungen bekannt, und im Stande geweſen wären, ihm
bey gegenwärtiger Lage durch eine Zergliederung aller Umſtände das Vertrauen wider zu wegezubringen, und die
friedfertigen Abſichten ſowohl, als das konſtitutonsmäßige
Benehmen eines Monarchen, ans Licht zu ſtellen, der gegenwärtig das Unglück hat, faſt ohne alle Zeugen zu ſeyn.
Menſchen, die mit dieſen zwey Miniſtern in beſondern
Verhältnißen ſtanden, könnten erſt vollends dieſes Zeugniß krönen; allein ſo etwas läßt ſich zu einer Zeit nicht
hoffen, wo man von nichts als Rache ſprechen darf!
Mein unglücklicher Freund Hr. Deleſſärt hat mir 3 mal
aus ſeinem Gefängniſſe zugeſchrieben, und jede Zeile hat
offenbar das Gepräge jener ruhigen Heiterkeit in ſich,
die nur vollkommene Unſchuld hervorbringen kann. Einer dieſer Briefe iſt noch wirklich in meinen Händen, und
ich halte ihn in der Rückſicht für ſehr wichtig, weil er
über die Frage, die ich behandle, neues Licht verbreitet.
Hier folgt der buchſtäbliche Inhalt deſſelben.

Orleans, den 18ten July 1791. „Ich wür-
„ de Ihnen geſchrieben haben, wenn ich etwas Neues
„ gewußt hätte, was auf mich Bezug hat: denn Kleinig-
„ keiten ausgenommen, hat ſich mit mir ſeit der Zeit als
„ ich

„ ich Ihnen das letztemal schrieb, nichts ereignet. Allge-
„ mach fange ich zu glauben an, daß alle mögliche
„ Schwierigkeiten bereits überstiegen seyn, und bald wird
„ mich die Mittheilung der nöthigen Aktenstücke in den
„ Stand setzen, an meiner Vertheidigung zu arbeiten.
„ Zwar wird es mir mein Lebzeit schwer fallen, daß ich
„ nicht in diesem Augenblicke mit ihnen auftreten kann;
„ denn sie wird nicht so viel in Rücksicht meiner, als
„ vielmehr wegen Bekanntwerdung dessen, was sich bey
„ fremden Höfen zugetragen hat, und wegen klarer Dar-
„ stellung, daß uns Niemand bekriegen wollte, so wie
„ wegen dem unumstößlichen Beweis, daß wir den Krieg
„ erkläret, ihn angefangen, und ganz Europa wider uns
„ aufgebracht haben, merkwürdig seyn. Alles dieses hätte
„ seine gute Wirkung gehabt, daher muß es mir schmerz-
„ lich fallen, daß man mich ausser Stand gesetzt habe,
„ meinen Leiden wenigstens durch die geringe Entschädigung
„ in etwas zu lindern. ꝛc. ꝛc. „

Dieser Brief mag mit so vielen andern Anzeigen
darthun, daß, bis auf den Zeitpunkt, wo das Anklags-
dekret wider Hrn. Delessart erlassen wurde, die fremden
Mächte durch Zuthun der Minister Seiner Majestät beständig bey ihren friedfertigen Gesinnungen blieben.

Dieser Brief verdient um so mehr Glaube als er
ohne alle Absicht, und zu einer Zeit geschrieben worden ist,
wo die dermalige Lage des Königs gar nicht vorgesehen
werden konnte. — er ist von einem einsamen Gefangenen
an einen Mann gerichtet, der ausser Frankreich lebt, von
einem Menschen verfaßt, der nicht mehr ist. Welch ein
entsprechendes Zeugniß! kaum läßt sich eines aufzeugen,
dessen

dessen Eigenschaft so offenbar bewehrt ist, und dessen Wahrheit so sehr das schaudernde und heilige Gepräge des Elendes und des Todes hätte.

Doch mit welchen Einwürfen versucht man auch die, se Beweise zu entkräften? dazu weiset man ein Schreiben vor; welches den zween Brüdern des Königs zugemuthet wird, und auch ich, wenn es wahr ist, daß es sich in der Brieftasche Seiner Majestät fand, für ächt halte. In diesem will man eine Stelle finden, die grossen Beweis machen soll. „Wenn man uns von diesen Leuten „spricht — so werden wir kein Gehör geben, wohl aber „wenn es von Ihnen geschieht, ohne jedoch von unsre „rem einmal eingeschlagenen Wege abzugehen. Wenn „man also will, daß Sie uns etwas sollen bekannt ma, „chen lassen: so bleiben Sie unbekümert.„

Aus diesen Worten will man ein Einverständniß des Monarchen mit dem Benehmen der Prinzen seiner Brüder folgeren; mir hingegen scheint es klar zu seyn, daß man diesem Briefe gerade die entgegengesetzte Auslegung geben müsse. Die Prinzen, welche von der Einwilligung und von der Gelassenheit des Königs für die neue politische Verfassung Frankreichs Nachricht hatten, mußten wohl vorgeben, daß diese Beystimmung eine Folge der Furcht und des Zwanges sey, um sich selbst vor dem Könige über den Entschluß, den sie zuwider seinem Beyspiel gefaßt hatten zu rechtfertigen. Diese Absicht erfüllten sie auch dadurch, daß sie in den eben angeführten Ausdrücken an ihn schrieben; auch stimmen alle ihre öffentlichen Erklärungen über die Sklaverey des Königs mit diesem ihrem Partikularbriefe vollkommen überein. Ist es noch nicht

ein

einleuchtend genug daß, wenn Briefe, oder andere
Schriften des Königs an die Prinzen, ihre Anschläge ge-
billiget, oder angeführt hätten, gewiß auch ein vertrau-
licher und wie sie selbst sagen, durch eine sichere Hand
überschickter Partikularbrief manche Ausdrücke oder Worte enthalten hätte, welchen ihre sonstige Gemeinschaft mit
dem Könige, und seine Anhänglichkeit an ihr Benehmen
oder an ihr Vorhaben verrathen könnten! Allein darin
findet man nichts dergleichen, vielmehr erhellet daraus der
Zwek, welchen die Prinzen durch dieses Schreiben erreichen wollten — man sieht darinn das Verlangen, welches sie, sich mit dem Könige einzuverstehen, selbst noch
in dem Zeitpunkte hatten, als sie auf eine seinem Wunsche entgegengesetzte Art handelten. Zu dem läßt uns auch
die Bemerkung nicht vergessen, daß, da Seine Majestät
diesen vertrauten Brief aufbewahrt hatten, deren gewiß
mehrere in der nämlichen Brieftasche vorfindig gewesen
wären, wenn dem Vorgeben gemäß zwischen dem Monarchen und seinen Brüdern ein anhaltendes Einverständniß bestanden hätte. Im Gegentheil läßt sich vermuthen,
daß mehrere Briefe des Königs, die er sowohl an die
zween letzten Kaiser, als an den König von Spanien geschrieben hat, vorhanden seyen, und diese könnten den persönlichen Wunsch Seiner Majestät um die Erhaltung des
Friedens ausdrücklich darthun, auch wäre dieser Brief-
wechsel bedeutender, als der aus einem zweydeutigen Aus-
drucke, den ein einziger Brief der Prinzen enthält, er-
zwungene Beweis seyn kann. So lang ich Minister war,
weiß ich gewiß, daß sich der König immer in allen seinen
sowohl öffentlich als partikulären Schreiben auf solche
Art ausdrückte; und die Königin selbst hatte einsmals die
Gnade, mir drey oder vier eigenhändig an den Herrn
Grafen

Grafen von Artois geschriebene Blätter zu zeigen, worin sie ihn mit den mächtigsten Ausdrücken angeht, durch eine vorgebliche Hemmung der Revolution, die der Gegenstand aller Wünsche Frankreichs ist, die Ruhe des Königreiches ja nicht aufs Spiel zu setzen. Alle diese Briefe sind hoffentlich noch nicht vernichtet, und wenn es für die gute Sache des Königs erforderlich seyn sollte: so wird man sichs vielleicht zur Pflicht rechnen, solche öffentlich bekannt zu machen.

Als Beweis des Einverständnißes mit den Emigrirten stellt man noch die Güte auf, welche Seine Majestät für ihre Leibgarden dadurch bezeugten, daß Sie ihnen noch nach dem Tage ihrer Entwaffnung eine viertl — oder halbjährige Bezahlung anwisen.

Dieser zu Gunsten aller aufgehobenen Aemter eingeführte Gebrauch konnte bey einem Könige um so weniger mehr für eine blosse Großmuth angesehen werden, als solcher schon in Privathäusern allgemein beobachtet wurde. Man braucht nur zu erwägen, daß die Gutthätigkeit des Königs blos zeitlich war, und sich nur auf die Zwischenzeit beschränkte, bis ihre förmliche Zusammenrottung jenseit des Rheins ihm nicht mehr erlaubte, seine vorigen Leibgarden als blosse vom Schicksale verfolgte zu betrachten (1.) Aber war wohl bis auf diesen Zeitpunkt etwas natürlicher als das Verlangen des Königs, Männer

---

(1) Auf Rechnung des Jahres 1792 ist nichts bezahlt worden, weil der Kasse-Ausweis, welcher bekannt gemacht wurde, auf das Jahr 1791 Bezug hatte. Man
sagt

ner zu unterstützen, welche sich so lange seinem Dienste gewidmet, und vor seinem Angesichte die unschuldigen Opfer ihrer Treue, und ihres Eifers wurden? Wenn man so edle Regungen als Verbrechen aufstellt, so umschaffe man unsere Natur und verdränge aus dem Innersten unsers Herzens alle Gefühle, womit die Menschheit prangt; aber wer so einen Umsturz der sittlichen Begriffe zugeben wollte, der müßte doch auch für das angewohnte Benehmen eines Königs Nachsicht haben.

Wenn Europa unter den wider *Ludwig* den sechszehnten erregten Klagen jene Zahlungen finden wird, welche durch die Civil-Liste an die Erzieher seiner Brüder sind gemacht worden, (2.) wenn es sehen wird, daß man diesem Monarchen sogar die von ihm bestrittene Pensionen für seine Tanten vorwirft, so wird es sich fragen, ob denn Fürsten nicht mehr gerecht seyn dürfen. Man vergißt, daß er verschiedene Auslagen aus seinem Privatschatze bestritt, und man besteht darauf seine Zivil-Liste als ein Nationalgeschenk aufzustellen, da sie doch im strengen Verstande, ganz oder größten Theils der bloße Ersatz jenes Domänenertrages war, welcher dem Hause

Frank-

---

sagt in einem der Nationalkonvention erstatteten Berichte, daß im August 1792 Zahlungen geschehen seyen; aber wäre es nicht auch billig gewesen, beyzusetzen, daß diese Zahlungen rückständige Posten betreffen, wie sich so was bey öffentlichen Kaßen, immerhin ereignet.

(2.) Diese Auslage ist immer aus dem königlichen Schatz bestritten worden.

Frankreich gehört, und dessen ungeheure Grösse die National-versammlung selbst anerkannt hat. Konnte wohl der König nach der Annahme dieses unstreitigen Grundsatzes, ohne offenbare Härte den Schwestern seines Vaters diese Unterstützung noch versagen? Konnte er sie ihnen mit Recht versagen, sie mögen sich auch was immer für ein Land, und was was immer für einen Ort zu ihrem Aufenthalt gewählet haben? Er bestritt sie ja nicht mit den Gütern des Staates, sondern mit den Glücksgütern, die er von seinen Großeltern ererbet hat.

Diesen Augenblick stellt sich meinem Geiste eine neue Betrachtung dar: man hat den König oft geschildert, als gienge er damit um, seine privat Einkünfte auf die Wiederherstellung seines Ansehens zu verwenden; aber es fehlt auch nicht an Vorwürfen, wenn er von seinen Einkünften einen grossen Theil blos zur Bestreitung jener Auslagen widmet, die ihm sein Mitleid als Pflicht anempfiehlt; gewiß hätte ein anderer aber ehrsüchtiger, und nur von einer Leidenschaft beherrschter Fürst diesem eben erwähnten Gebrauch seiner Güter leicht entsagt! daher scheint es, man habe bey Aufstellung der Fehler Ludwigs des XVI sogar den Merkmalen eines gefühlvollen Menschen nachgespüret, oder solche mit eingerechnet; und wenn man ihm diesen Dienst selbst mit dem Verlangen, ihn schuldig zu finden erweiset, in welchem Lichte hätte man ihn erst darstellen können, wenn das Vorhaben zum Grund gelegen wäre, ihn auf der vortheilhaften Seite zu schildern.

Ich fahre fort die Anklagen gegen den König zu durchgehen, und bemerke darinn die bittern Vorwürfe, die er wegen mehreren Schriften erdulten muß, die auf Kosten der Zivil-Liste bestritten worden sind. Ich habe, als ich noch Minister war, Seine Majestät verächtlich auf alle Schmähungen hinblicken sehen, von welchen wider die vollstreckende Gewalt und seine Person die öffentlichen Schriften, und jene Pasquille angefüllt waren, die man in allen Gassen der Stadt Paris, und sogar unter den Fenstern seines Palastes ausrief; demungeachtet läßt sich begreifen, daß man sich endlich nicht mehr hat enthalten können, ihm zu sagen: Sie setzen sich über Antastungen dieser Art zu weit, und zur Unzeit hinweg; die Wuth Ihrer Feinde und jener der Monarchie greift zu sehr um sich, ihr Eifer zeigt sich in jeder Gestalt, und zu Erreichung ihres Entzweckes ist ihr jedes Mittel willkommen. Es ist Zeit, so wenig sie dazu geneigt sind, diesen Hang mit jenen Waffen zu bekämpfen, deren sich heut zu Tage jeder bedient, um Gewalt mit Gewalt abzutreiben. Vermuthlich wird man diesem noch beygefügt haben, daß sich einige fänden, die gerne zu Gunsten der königlichen Würde schrieben, und zugleich das Vorhaben hätten, diejenigen verächtlich zu machen, deren Haß Sie unermüdet verfolget; nur wäre es nöthig, daß man sie für die Auflagskosten entschuldigte. Dieß möchte man beyläufig dem Könige gesagt, und möglich ist es auch, daß Er diesen Vorschlag stillschweigend begnehmiget habe; demungeachtet bin ich versichert, daß er derley Tagschriften nie gelesen, auch wenn sie unbedächtlich abgefaßt waren, davon keine Wissenschaft genommen habe, denn immer habe ich ihn in grossen historischen, moralischen, und politischen Werken, die entweder französisch oder englisch abgefaßt waren, mit Geschmack, und Fleiß beschäftiget angetroffen; und wenn man zu diesem Lieblingsstudium noch

die

die Zeit hinzurechnet, welche er auf Lesung aller in der Nationalversammlung vorgekommener Streitfragen, und aller auswärtigen Nenigkeiten anwenden, und jene, welche er sowohl den Rathssitzungen als auch den besonderen Arbeiten aller seiner Minister widmen mußte, mitzählet, woher hatte er Muße genug gehabt, den ganzen Wust von jenen Broschüren zu durchlesen, die Paris täglich lieferte? Immer will man die Könige wie Privatpersonen beurtheilen, und nichts ist ungerechter; denn ihre Lage kann mit keiner andern in Vergleich gezogen werden. Es mußte also nur die vermuthete Einwilligung des Königs zu einer Widerlegung, den ihm gemachten Vorwurf rechtfertigen. Aber wie könnte diese Einwilligung zu einem Hauptklagepunkte dienen, nachdem bereits wider seine Person und wider sein Ansehen lange Zeit alle Schriften öffentlich geduldet worden sind.

Unlängst machte ein Brief grosses Aufsehen, worin man Spuren einer Unterhandlung zu entdecken glaubte, welche mittelst Geldaufwand ein günstiges Dekret für die Civilliste hätte erwirken sollen. In diesem Briefe, der zwar vom Hrn. de la Porte unterzeichnet, aber erst nach seinem Tode vorgefunden, folglich von ihm nicht anerkannt worden ist, findet man, wenn er auch für ächt gehalten wird, einen Vorschlag ohne Ausführung, dessen Agenten noch dazu weder angezeigt, noch bekannt sind. Warum soll man vermuthen, daß der König, durch eigenes Nachdenken belehrt, nicht jene Anschläge verworfen hätte, welchen er vielleicht nur in dem Augenblicke Gehör gegeben hat, als man ihm solches von einer schiefen Seite beybrachte? kurz die ganze Sache ist, wenigstens wie sie dargestellt wird, sehr dunkel; und, giebt man sie auch

als

als richtig und erwiesen an, so käme noch zu bemerken, daß das Beyspiel Englands — ein durch den Ruf übertriebenes Beyspiel, den König leicht hätte zu dem Entschlusse verleiten können, zur Erreichung seiner Absichten den Weg zu Bestechungsmitteln einzuschlagen. Ich habe in verschiedenen Ländern Männer gekannt, welche, ob sie gleich in allem Betrachte sehr schätzbar waren, jedennoch über diesen Theil politischer Moral, offenbar weit von meiner Meynung abwichen. Zudem muß man für Fehler in einem einzelnen Umstande, und im Kollisionsfalle politischer und moralischer Pflichten, mehr Nachsicht haben. Endlich wage ichs zu fragen, ob man wohl ein Verbrechen daraus machen könne, wenn man sich während einem politischen Sturme, wo die Meynungen mit Drohungen und Gewalt erzwungen werden, die Stimmen mit Geld erkauft? Und jene Art, die Stimmen zu sammeln ist frey, sich wirksamer, aber gewiß auch desto sträflicher. Die Revolutionszeiten wären eine unerschöpfliche Quelle zu Anklagen und Vorwürfen, wenn man jede Handlung einzeln nach den Umständen, die sie bestimmten, beurtheilen wollte (1.)

Der Königinn bürdet man ein Schreiben auf, welches betitelt ist: *Verzeichniß der Personen von*
meiner

(1.) Auch einen an Hrn. Bouillé lautenden Wechsel stellt man als politisches Verbrechen auf; aber ich zweifle nicht, daß sich diese Zahlung von jenen Kösten herschreiben werde, welche der Plan zur Flucht des Königs nothwendig veranlassen mußte, und auch dieser Umstand ist schon durch ein besonderes Dekret des Gesetzgebenden Körpers vor aller ferneren Untersuchung sicher gestellet worden.

meiner Bekanntschaft: Man giebt solche als eine dringende Empfehlung an die Statthalterinn von den Niederlanden zu Gunsten der Emigranten aus, und will es zu einer Anklage geeignet finden, wie wohl eine nur etwas genauere Untersuchung gezeigt hätte, daß diese zwar in einer Brieftasche der Königinn sich vorgefundene Schrift doch nicht von ihr, sondern von ihrer erhabenen Mutter war. Die meisten Personen, deren Namen darin aufgezeichnet stehen, sind theils schon lange Tod, theils haben sie Frankreich nicht verlassen; sondern sie waren nur beym Wienerhofe bekannt, und die Kaiserinn, welche von ihnen eine sehr vortheilhafte Meynung hatte, glaubte, sie ihrer Tochter als Männer bekannt machen zu müssen, die im Stand wären, ihr bey einem fremden Hofe in den ersten Tagen ihres Daseyns mit guten Anschlägen behilflich zu seyn. Wenn man auf den in diesem Verzeichniße vorkommenden Ausdruck: mein Gesandter Rücksicht genommen, und in Betracht gezogen hätte, daß der Name des Königs darin nicht enthalten ist: so wäre der Schluß leicht gewesen, daß dieses zur Empfehlung dienliche Verzeichniß, nicht von der Königinn herrühre. Die Königinn hat es zwar aus Ehrfurcht, und um sich jedes Wort und jeden Befehl einer geliebten Mutter unvergeßlich zu machen, eigenhändig abgeschrieben, allein diese Beschuldigung zeigt uns nur einen neuen Zug ihrer kindlichen Liebe. Freylich konnte nur aus Verstoß ein einziges zu Gunsten des Königs und der Königinn redendes Schreiben bekannt werden; denn das Loos dieser unglücklichen Grossen ist nun schon einmal, daß man über jene Umstände, und Handlungen ihres Lebens, welche ihnen Ehre und Liebe gewinnen könnten, einen dichten Schleier wirft.

Man kann mit Durchlesung aller von niederträchtigen Skribenten, oder wahnsinnigen Menschen theils an den Direktor der Zivil-Liste, theils an seinen Sekretär geschriebenen Briefe, die in den zum Unterrichte Frankreichs ins Licht gekommenen Sammlungen den größten Platz einnehmen, beynahe nicht fertig werden (1.) So mußte eine ähnliche Sammlung die ganze Korrespondenz eines Mannes enthalten, dessen zweydeutige und verderbliche Sprache, so viel ich weiß, bey allen Ministern des Königs, und bey allen seinen Beamten Unwillen erregte.

Demun-

(1.) Hier sind einige Stellen: „Sobald die zweyte Bro-
„schur über die Prophetin Brouselles herauskommen
„wird, belieben Sie mir solche zu übersenden . . . .
„ich glaube noch immer, daß diese heilige Jungfer
„bey ihren Erscheinungen schon manche Wiederwärtig-
„keit auszustehen hatte; vielleicht kann — — —
„ — — — — — — — — —
„ — — — — — — — — —
„ — — — — — — — — —
„ich habe zween Briefe von vertrauten Bekannten er-
„halten, welche ich unter meinen Mitbrüdern den Mar-
„tinisten hatte . . . der böse Geist beherrscht sie. Was
„den B. . . . und seine Versessenheit auf den Ma-
„gentismus betrifft: so habe ich diesem seine Krank-
„heit zugezogen; den Jansenisten, welche schon, ver-
„mög Beruf mit den Geistersehern verbrüdert sind,
„geht es eben: ausser der Kirche giebts kein
„Heil.

„Lange schon hält man der Vortrefflichkeit der Er-
„de (Plancher des vaches) Lobreden, und die Kenntniß
„verborgener Dinge ist ein tobendes Meer, woraus
„man nur das Gestatt wahrnimmt. ꝛc. ꝛc.

Wie kann man der Nation derley Schwärmereyen bekannt machen, und was kann man sich von Verbreitung solcher Schriften für einen Nutzen versprechen?

Demungeachtet verbindet der an die Nationalversammlung gemachte Bericht unaufhörlich die Außdrücke dieser Briefe mit den Grundsätzen des Königs, ja die Aeusserungen hierüber gehen so weit, daß es geradezu nothwendig wird, um die angeführten Worte, welche blos die Sprache einiger dunkler Skribenten sind, die ihre Schwärmereyen allen Staatsmännern aufdringen wollen zu verstehen, diese Sammlungen entweder ganz zu durchblättern, oder solche auswendig zu wissen; wie oft unzählige Leute dieses zu thun wagen, könnten jene schriftlichen Abweisungen darthun, deren so viele von allen Ministern vorhanden sind.

Noch eine andere solche Sammlung, welche 60 Seiten stark ist, und einen Theil jener Schriften ausmachen soll, die man beym Herrn de la Porte gefunden hat, wurde ebenfalls als ein Vorschlag zu einer freyen Konstitution bekannt gemacht; allein aus der Schreibart sowohl, als aus den darinn enthaltenen Grundsätzen läßt sich leicht abnehmen, daß dieses Werk einen Illuminaten zum Verfasser habe.

Endlich muß auch ein Aufsatz zu einer Beschwerde der Nation dienen, welchen man in der Brieftasche des Königs unter dem Titul entdeckt hat: *Vorschlag eines Minister-Ausschusses, verabredet mit dem Herrn Lameth und Barnave.* Dieser Aufsatz enthielt eine Untersuchung, wie sich der König im Betreffe zweyer Dekrete, deren Sanktion mit seinem Gewissen nicht vereinbarlich ist, benehmen sollte. Unmöglich läßt sich in so einer Untersuchung auch nur der Schein eines Vergehens finden, weil sich solche einzig auf den Gebrauch und die

Anwendung eines dem Könige von der Konstitution selbst zuerkannten Rechtes einschränkte, und wenn auch in diesem Aufsatze darauf beharret würde, einen gutherzigen Fürsten von der Bestätigung zweyer zu strengen Gesetze abzuhalten, so geschah es doch nicht um die Absichten der Nationalversammlung ganz zu vereiteln, sondern man wollte nur gelindere Mittel gebrauchen. Wenn die Verfasser dieser Schriften, so wie man vorgiebt, das innigste Vertrauen des Königs besaßen, so sind ihre Vorschläge gewiß neue Beweise von den freymüthigen Gesinnungen Sr. Majestät, denn sie gaben ihm den Einschlag (und dieser wurde auch befolgt).

„ Den Prinzen in brüderlich und königlichem Ton
„ noch einmal zu schreiben. „

„ Eine wiederholte Proklamation an die Emigranten, und zwar in einer ernsten und den Willen der Konstitution aufrecht zu erhalten, deutlich ausdrückenden
„ Schreibart zu erlassen. „

„ Die auswärtigen Mächte zu ersuchen, auf ihrem
„ Gebiete weder Zusammenrottung und Bewaffnung, noch
„ andere feindliche Vorkehrungen zu gestatten ꝛc. „

Wie soll man sich nicht wundern, wenn man sieht, daß die einfachste Handlung der Welt, einer Schrift, die man dem Könige, wegen einer Sanktion übergeben hat, die er der Konstitution gemäß ohnehin bewilligen, oder abschlagen könnte, wie kann, sage ich, eine Schrift die alle Vorstellungen enthält, welche in seinem Rathe vorkommen, und er vor Fassung eines wichtigen Entschlusses nothwendig anhören mußte, der Nation als ein ihrer Auf-

merk-

merksamkeit würdiger Gegenstand vorgelegt werden, und einen Theil der ihm zugedachten Anklagen ausmachen?

Ich sage noch mehr: Welcher Fürst würde frey von Vorwürfen bleiben, wenn man aus Noten, Briefen, und Vorschlägen, die an ihn gerichtet werden, auch schon seinen Beyfall folgern wollte? Ein Monarch ist der Mittelpunkt unendlich verschiedener Interessen, und sein Kabinet kann mit der Zeit der Sammelplatz aller Gattungen Vorschläge werden; hat man nun einmal so ein Heiligthum verletzt: so darf man nur flüchtigen Gedanken Festigkeit geben, bey einseitigen Vorschlägen die Annahme voraussetzen, und bey entgegengesetzten Meynungen Einhelligkeit vorschützen, um das gemeinste Talent in den Stand zu setzen, aus den vorgefundenen verschiedenen Schriften einen Auszug genau nach den Regeln der einmal angenommenen Strenge abzufassen. Wäre es aber nicht noch besser, aus diesen Schriften blos jene Seiten und Blätter zu liefern, welche Argwohn erregen, und jene zu vernichten, oder zu verhelen, die ihn widerlegen könnten? zu einem Muster könnte man sich jener Rechtsforme bedienen, welche die von dem Ankläger produzierten Zeugen zuläßt; hingegen jenen, welche zu Gunsten des Angeklagten reden könnten, Stillschweigen gebietet.

Indessen ist jetzt keine Zeit mehr, Europa zu überzeugen, daß man unpartheyisch zu Werke gegangen sey; denn nachdem Papiere weder versiegelt noch in Gegenwart des Eigenthümers darüber ein Inventar verfaßt worden ist, (1) da man sich solcher ferners in dem Zeitpunkte

Eines

---

(1) Ich meyne die Papiere, deren man sich in den Zimmern der Louiserien bemächtiget hat.

eines gewaltigen Einfalles, und nach dem Einbruche eines unbekannten Haufens habhaft gemacht hat, so kann man nun unmöglich mehr verbürgen, ob nicht gerade die günstigsten Schriften für die Sache des Königs zerstreut, oder gar vernichtet worden seyn.

Der König pflegte sich in der Einsamkeit, in der er sein Leben führte, Notaten oder Bemerkungen zu machen; diese mögen demnach auf das, was er gelesen hatte, oder auf Staatsgeschäfte Bezug haben: so bleibt es gewiß, daß man in denselben die Geradheit seines Geistes, seine mäßigen Gesinnungen, die Güte seines Herzens, so wie seinen reinen Eifer für das Glück, und die Ehre Frankreichs leicht hätte wahrnehmen können. Wohin sind diese Schriften gekommen? sollte er sie wohl selbst aus einer bescheidenen Gleichgültigkeit verbrannt haben, um nur allein diejenigen aufzubewahren, die man uns jetzt vorgezeigt; oder, waren sie noch vorhanden, als man in sein Kabinet einbrach, so lasse man darüber durch eine menschenfreundliche Hand ein Verzeichniß verfassen! man wird darinn Ausdrücke finden, die vollkommen mit dem Inhalte seiner an die Generalstände gehaltenen Rede übereinstimmen: Alles, was man von dem lebhaftesten Antheil für das gemeine Wohl erwarten, und von einem Souverain dem ersten Freunde seiner Völker fordern kann, habt auch ihr von mir zu erwarten. Man würde auch Stellen finden, welche mit den Worten seiner am 4. Februar gehaltenen Rede vollkommen gleichlautend wären, und die ich lange, so wie sie von Sr. Majestät selbst geschrieben waren, in meinem Gedächtnisse behalten habe: „Unterrichtet das Volk von seinen wahren Vortheilen, dieses irregeführte
Volk,

Volk, das mir so theuer ist, und von dessen
Liebe man mich, so oft ich Trost in meinen Leiden bedarf, versichert. O, das müßte ein glücklicher
Augenblick für diesen Fürsten gewesen seyn, in welchem,
ohne daß er es selbst wollte, oder suchte, ein helles
Licht die Augen der Nation plötzlich über die geheimsten
Gedanken seines Lebens geöffnet hätte; es wäre für den
König ein herrlicher Zeitpunkt gewesen, wo sich seine wahren Anlagen frey von dem betrüglichen Scheine, den ihm
eine ruhige Ergebenheit für die Meynungen seiner Minister, manchmal zugezogen hat, so sichtbar gezeigt hätten.

Ich weiß nicht, ob sich unter den Staatsmännern,
die leider noch leben! einer finde, der mehr Gelegenheit
gehabt hat, den König kennen zu lernen, als ich; nicht
nur allein weil ich ihm durch 2 Jahre diente, sondern auch
weil die Finanzverwaltung, die ich auf mir hatte, erforderte,
daß ich ihm manchfaltige Geschäfte vortrug; ich erkläre
hiemit vor seinen Feinden, und mit aller Aufrichtigkeit
eines Herzens, daß ich nie an diesem so grausam behan-
delten Monarchen einen einzigen freywilligen Antrieb, einen einzigen von ihm allein, und nicht aus fremden Einfluß entstandenen Gedanken, kurz eine einzige Regung
unmittelbar in seinem Herzen wahrgenommen habe, die
nicht den Gesetzen der Moral und der Ehre entsprechend
gewesen wäre, auch den aufmerksamen Beobachter sein
Verlangen nach Wohlthun — Mitleid für das Volk, so
wie seinen sanften gutherzigen, und mäßigen Karakter dar-
gethan hätte. Man glaube dem Zeugniße eines Mannes,
der, wie wohl er lange bey dem Könige gelebt hat, doch
mit ihm weder durch Erkenntlichkeit, noch durch irgend
eine Hofnung in Verbindung sieht. Nie habe ich ihm

Gele-

Gelegenheit, nie das Vergnügen verschaft, mir eine Wohlthat zu erweisen, und jetzt habe ich mich schon vollends der Welt entzogen.

Aber was ich hier von dem König sage, ist ohnehin schon mehr oder weniger umständlich durch diejenigen bekannt geworden, die auch mit ihm in Verhältnissen zu stehen die Ehre gehabt haben. Und ihr, die ihr wißt, wie sorgsam die Natur darin war, daß der Blick die gewöhnlichen Regungen der Seele andeuten solle, war es euch nicht genug den König in einem Augenblicke zu beobachten, wo Theilnahme und Gefühl in ihm regen waren, um an seiner vollkommenen Güte nicht mehr zweifeln zu dürfen? ich sage sogar denjenigen, welche ihn so unaufhörlich verfolgen, so wie denen, die ihre Oberhand über die Gemüther zur Verhärtung aller Herzen wider ihn mißbrauchen, daß ich sie, im Falle sich das Schicksal gewendet hätte, und ihnen Vergebung oder Mitleid nöthig geworden wären, jederzeit an den Monarchen, dessen strenge Unterdrücker sie waren, angewiesen hätte.

Gewis, nachdem ganz Europa an dem Schicksale dieses unglücklichen Fürsten Theil nimmt, werden auch die wildesten Gemüther denjenigen Verzeihen, welche ihn näher gekannt haben, und gegenwärtig die Grösse seines Unglücks beweinen. Noch mehr als diesen letztern würden euch grausame Gewissensbisse bevorstehen, wenn ihr auch noch dem letzten Wunsche seiner blutdürstigen Feinde Gehör geben wolltet. Indessen muß man es doch wagen, über diesen unmenschlichen Wunsch nachzudenken, man muß Muth fassen um seine Einbildung auf die greulichste Unthat hinzubringen — großmüthig muß man sich dazu Gewalt

walt'anthun, sich selbst bekämpfen, endlich der Welt und sich selbst entsagen, wenn nicht der Himmel den schwachen Vertheidigern der unglücklichen Tugend, und der unterdrückten Unschuld seinen Beystand leistet. Und wie könnte man sich bey Durchlesung jener nach Blut schreyenden Schriften, die schon so lange den Gesinnungen des Volks ihre Richtung geben; bey dem Erinnern an den Einfluß dieser Meynung auf Männer, die vermög ihrem Amte die Ausleger der Gerechtigkeit, und die Organen der Wahrheit seyn sollten — wie, sage ich, könnte man sich derley widrige Gedanken ausschlagen, und sich ihrer länger erwehren, nachdem man schon Männer von Ansehen, und Vertrauen eine Sprache führen hört, die meine Hand niederzuschreiben sich weigert, und die zu jeder andern Zeit, in jedem andern Zeitpunkt von den 14 Jahrhunderten, die seit der Stiftung der Monarchie verflossen sind, die Herzen der Franzosen mit kaltem Schrecken erfüllet hätte.

Man möchte die französische Nation gerne auf eine in den Jahrbüchern der Welt einzige Unternehmung nämlich auf eine Gewaltthat, welche ein öffentliches von dem Ehrgeize eines einzigen Mannes herrührendes Verbrechen ist, vorbereiten, deren Erzählung die Geschichtschreiber mit Schauder überliefern, und selbst die Engländer alle Jahre noch durch seyerliche Ablegung ihrer Treue auszulöschen suchen. Franken, ihr habt sonst sorgsam, und so zu sagen, oft mit übertriebenem Zwange die Annahme irgend eines englischen Beyspieles vermieden! solltet ihr nun im Stande seyn, von dieser Sitte nur zu Gunsten einer barbarischen Handlung eine Ausnahme zu machen? Was sage ich? wenn ihr glaubtet, dem Beyspiele Kromwels, und seiner Richter, die seinen politischen Leidenschafschaften so ergeben waren, und deren Namen in dem Andenken der Menschen auf ewig geschändet bleiben, nach zu folgen: so würdet ihr euch noch sehr betrügen, denn ihr hättet jene Entschuldigung nicht, die sie gehabt haben, oder würdet ihr wohl verwegen genug seyn die Vorwürfe, welch man dem unglücklichen Stuart machte, mit denen in Vergleich zu setzen, die ihr aus Papieren erzwingen wollt, welche entweder in dem Kabinete des Königs, oder bey seinen Schatzbeamten gefunden worden sind? Derley Beschuldigungen werden dem Gedächtnisse der Menschen bald, wie alle jene eitlen, flüchtigen, und ungewissen Nachrichten entfallen, die ihr Daseyn nur der List, und ihre scheinbare Wichtigkeit den Leidenschaften zu verdanken haben? Seht, folgendes that der Monarch Englands während seiner Regierung: Trotz einer freyen, und durch die feyerlichsten Verträge bestimmten Konstitution, die ihm sowohl die Gränzen seiner Pflichten, als jener seine Vorzüge anzeigte, schrieb er ohne die Represäntanten der Nation beyzuziehen, mehrere Auflagen aus, forderte Darlehen mit Gewalt, und verfuhr schröcklich mit jenen, die sich diesem gesetzwidrigen Begehren widersetzten; aus eigener Macht ließ er mehrere in Verhaft nehmen, und setzte vieler Bürger Glück und Leben dadurch aufs Spiel, daß er sein Ansehen über ein ohnedieß wider die Konstitution und blos ihm ergebenen Richtern bestehendes Gericht mißbrauchte. Auch in Ansehung der Kirchengeschäfte überschritt er seine Macht, und noch andere Eingriffe in die Landesgesetze wurden ihm zur Last gelegt; er stellte sich, von seinem bisherigen Glücke geblendet, sogar an die Spitze eines Truppenkorps, und machte den Anfang zu jenem Bürgerkriege, der für ihn so unglückliche Folgen hatte. Dieses vorausgesetzt: möchte ich nun sagen,

gen, welchen Bezug, welche Aehnlichkeit man zwischen
diesen politischen Verbrechen, und dem Betragen eines
Monarchen finden könnte, der, obschon Erbe einer
unumschränkten Macht, doch durch freywillige Auf-
opferung mancher Vorzüge, die durch so viele Jahrhunderte mit seiner Krone verbunden waren, zur Freyheit
den ersten Grundstein legte, und der schon in der kurzen
Zeit dieser Staatsveränderung den Beobachter genug
überzeugte, wie weit Ludwig der Sechzehente von
aller Verletzung der neuen Konstitutionsgesetze entfernt
war, und wie selten er von jenem Rechte Gebrauch
machte, welches ihm vermöge der Konstitution zukam, den
Dekreten der gesetzgebenden Gewalt die Sanktion zu versagen, ein Recht, dessen er sich nur zitternd und in den
Fällen, wo ihm sein zartes Gewissen die Pflicht dazu
auflegte, bediente. Statt in irgend eine neueingeführte
Staatsgewalt einen Eingriff zu wagen, that er vielmehr
auf seine eigenen Rechte Verzicht, und daher muß man
nur, um in ihm eine Schuld zu finden, seine geheimsten
Gedanken zum Gegenstand einer peinlichen Untersuchung
machen. Man hat immer gezweifelt, ob er wirklich der
Konstitution zugethan war, und ihn über diesen Punkt,
einer Unentschlossenheit und des Wankelmuthes beschuldigt;
allein dieses könnte ihm bey der Nation vielmehr zum
Verdienste angerechnet werden, weil es dann richtig bleibt,
daß ihn seine Zweifel noch nicht gehindert haben, den
Gesetzen, welchen er einmal nachzuleben versprochen hatte,
getreu zu bleiben.

Aufmerksamen, und billige Menschen werden in
dem Könige die Geduld, und die Mäßigung bewundern,
die er selbst in dem Zeitpunkt, beibehielt, wo sich alles

um ihn her veränderte, und wo er allen erdenklichen Mishandlungen ausgesetzt war, hätt er aber auch wirklich gefehlt, wirklich einige seiner neuen Pflichten verkannt: muß man nicht die Schuld blos in dieser neuen Regierungsverfassung aufsuchen! — Wo ein Monarch nur mehr ein Schein, und die Königswürde bey weitem nicht mehr die vorige war, — wo das Haupt der exekutiven Gewalt weder wußte, was es war, noch was es seyn sollte, wo solches sogar durch Worte, und durch die verschiedenen Auslegungen, die man ihnen geben konnte, hintergangen wurde, — wo er König ohne Gewalt und Thronbesitzer ohne Ansehen war, — wo es schien, als hätte er das Recht zu befehlen, ohne sich jedoch Gehorsam verschaffen zu können, — wo er nach und nach schon bald nur ein blosser Staatsbedienter, und bald wieder erblicher Repräsentant der Nation war, je nachdem es eine der berathschlagenden Versamlung für gut fand. Wie könnte man von einem Monarchen, der sich auf einmal an eine eben so dunkle als seltsame, und durch die Deputirten der Nation selbst unendlich herabgesetzte politische Staatsverfassung gebunden sieht, fordern, daß er allein bey so immerwährender Abänderung der Verfassung unveränderlich bleiben sollte? Und hieße das nicht äußerst streng handeln, wenn man einen Monarchen wegen allen seinen Anschlägen, und allen seinen Gesinnungen bey dem Laufe einer Revolution zur Verantwortung ziehen wollte, der so reissend war, daß es nothwendig gewesen wäre, der König hätte nicht nur die ihm schon bekannten Fürgänge bestätiget, sondern auch seine Einwilligung zu jenen Anstalten in Bereitschaft gehalten, von deren späterer Entstehung man sich doch nicht einmal einen richtigen Begriff hätte machen können. Wäre es ferner nicht höchst unbillig von

einem

einem Fürsten, der nach den alten Grundsätzen einer seit 14 Jahrhunderten bestandenen Monarchie erzogen war, zu verlangen, daß er sich ohne Zwang, und ohne Schmerz zu republikanischen Grundsätzen bequeme, die so plötzlich im Schooße Frankreichs entstanden sind? Dieses hieße die unbarmherzige Härte der Römer nachahmen, welche bey den Circus-Spielen von den Kämpfern forderten, daß sie nach erhaltenem tödtlichen Streich noch mit Anstand fallen sollten.

Indessen war dieser schnelle Uibergang von monarchischen Grundsätzen zu republikanischen — nicht der Einzige, der alle menschliche Kräfte übersteigt, sobald er von einem Könige gefordert wird, und dem sich der König unterwerfen mußte, um sich den Meynungen zu fügen. Er hätte nach den sogenannten philosophischen Begriffen, von deren schnellen Fortschritten er Zeuge war, seine Gesinnungen sowohl, als sein Gewissen einrichten, auch bey dem Anblick einer herrschend gewordenen Strenge und Rachgierde, gut und mitleidig zu seyn aufhören müssen; — endlich wäre es vielleicht gar nöthig geworden, daß er schnell auf die Bande der Erkenntlichkeit zu hoffen aufhöre, und frühzeitig die Ansprüche vergesse, welche ihm seine vorigen Wohlthaten in den Herzen der Franken um so mehr zu verbürgen schienen, als sie sich für Freunde einer Freyheit ausgaben, die ihren Grund seinen Gesinnungen und seinen gebrachten Opfern zu verdanken hat.

Aber setzen wir auch, daß der Monarch bey einer solchen Verwirrung aller Begriffe und Meynungen, und bey einem so allgemeinen seit 3 Jahren sich ereigneten Umsturze — bey dem Anblicke der Ruinen seiner vorigen

Größe,

Größe, setzen wir, sage ich, er hätte geheime Gedanken nach einer bessern Lage genährt — solche aufgezeichnet, und man hätte derselben Spuren unter den in seinem einsamen Wohnorte gefundenen Papieren entdeckt; wo wäre dann der Unmensch, der aus diesen innern Regungen, die der Güte des Schöpfers allein vorbehalten bleiben, ein Staatsverbrechen machen könnte? Gewiß! wenn wir gegenseitig nach derley Injichten richten wollten, und dieses in unserer Macht stünde, so würden wir unser Leben in immerwährendem Hasse und in beständiger Verfolgung verbringen.

Diese allgemeinen Betrachtungen lassen sich wirksamer auf das Oberhaupt eines grossen Reichs, und auf einen Monarchen anwenden, den das Schicksal in das Gedräng einer Staatsumwälzung versetzte, die nicht ihres gleichen hat, und in der seine Seele von so vielfältigen Interessen, von so mancher Furcht und Bangigkeit beängstiget wurde. Nur ein mit unbegränzter Vorsicht begabtes Wesen hätte sich in diesen unerhörten Begebenheiten, wovon uns die Geschichte noch kein Beyspiel liefert, sicher und entsprechend benehmen können.

Ludwig der XVI. wäre, so zu sagen, mit diesen übernatürlichen Gaben versehen gewesen: durch kluge und einsichtsvolle Rathschläge hätte er einem Angriffsplan widerstehen können, der so künstlich angesponnen, ununterbrochen beybehalten wurde, und zu dessen Ausführung man eben jetzt die letzte Hand dadurch anlegte, daß man nur mehr eine Gattung Schriften erlaubt, und zur Stimmung der Gemüther nur einerley Sprache, und nur einerley Leitung anwendet. Ein mit allen Vollkomkommenheiten begabter Fürst — ein zweyter Markus Aurelius dürfte jetzt auf die Welt kommen — er könnte einer ähnlichen Verschwörung nicht widerstehen.

Was entstünde daraus, wenn durch einen erfolgten gänzlichen Umsturz politischer Meynungen, die Königswürde vollends aufgehoben, und der Monarch vor Gericht gefordert würde? Würden da nicht alle wider die Könige überhaupt durch die Länge der Zeit häufig entstandenen Gesinnungen, welche noch dazu durch den Jubel über die erlangte Freyheit, und ihren bey dieser Gelegenheit erhaltenen freyen Lauf verbittert werden, sich in einem versammeln, der Person des letzten Königs einer Nation ganz allein entgelten, und ihn ausser Stand setzen, dem Eindrucke so ungestümmer Begegnungen zu widerstehen; ja, er würde wie ein Schatten der königl. Würde erscheinen, und alle Fehler seiner Vorjahrer würden auf ihn fallen.

Man hat die Person der Könige nicht ohne Bewegursache mit allgemeiner Uibereinstimmung für unverletzbar gehalten. Diese Uibereinstimmung liegt in dem Ansehen eines Gesetzes, das die ewige Vorsicht gegründet hat; man hat eingesehen, daß ihr Tagwerk mehr als menschliche Kräfte erfordere, und daß zur Zeit einer Revolution, wo sie alle wider sich allein haben könnten — es zu leicht wäre, ihren Fehler aufzudecken, wenn man mit feindlicher Absicht diese unzählige Menge der Handlungen durchgienge, welche ihr politisches Leben ausmachen; und hierinn liegt der wahre Ursprung der Unverletzbarkeit des Monarchen; dieser Ursprung verliert sich in der Dunkelheit der Zeiten, darinn liegen jene einfachen Wahrheiten,

C 2 überdie sich die Nationen einhellig von Geschlecht zu Geschlecht überliefert haben. Man behaupte ja nicht, um sich der Befolgung eines so gerechten Gesetzes zu entziehen, daß ein König, der einmal seiner Krone verlustig ist, nicht mehr unverletzlich sey! Ich gestehe, daß diese Unverletzbarkeit sich nicht mehr auf jene Handlungen erstreckt, welche er nach dem Verluste seiner Krone begangen hat, aber, wenn er für die verantwortlich seyn müßte, die sich auf seine Regierung derzeit herschreiben, so würde die Unverletzbarkeit eines Monarchen nur eine Chimäre, und dieser allgemein geheiligte Grundsatz ohne Anwendung seyn: denn so lange ein Fürst auf dem Throne ist, folglich, sein Wille einen Haupttheil der öffentlichen Gewalt ausmacht, darf er weder angeklagt, noch die Klage verfolget werden. (1)

Die Unverletzbarkeit der Könige gründet sich noch auf eine wichtige Betrachtung; nämlich auf die Unmöglichkeit sie durch ihre Pairs richten zu lassen. (2) Ich erkläre dieses Wort nach dem Sinne des Gesetzes, und nenne die Pairs Männer, welche aus Erfahrung und

Aehn-

---

(1) Ich führe hier die eigenen Worte der Konstitutionsakte Frankreichs an:

„Nach der ausdrücklichen, oder gesetzlichen Ablegung seiner Würde, soll der König zur Klasse der Bürger gehören, und er soll, wie diese ob der nachhin unternommenen Handlungen angeklagt, und gerichtet werden können.

(2) Pairs heißt bald Lehenrichter, bald Landstände, sonst waren ihrer in Frankreich nur 12, überhaupt aber scheinet dieses Wort in dem Lehenrechte seinen Ursprung zu suchen, wo die pares, judicia parium üblich waren. A. d. U.

Aehnlichkeit ihrer Lage, die Gefahren, und Versuchungen, den Fürsten unterworfen sind, kennen und wissen, wie wenig sie vermög Erziehung und Lebensart Widerstand zu leisten, im Stande seyn.

Die Unverletzbarkeit der Könige gründet sich ferner auf die Unmöglichkeit, sie auch von solchen Männern richten zu lassen, deren Unpartheylichkeit bekannt wäre; denn nothwendig mußte das Oberhaupt eines Staates der Fürst, der über unzählige Gegenstände entscheidet, auch unzählige Personen entweder in ihrer Eigenliebe, oder in ihrem wahren Interesse verletzten; und der Umfang der höchsten Gewalt ist so groß, ihre Verhältnisse sind so unermeßlich, daß die Könige nie alle diejenigen zu kennen im Stande sind, welche wider ihr Ansehen mittelbar, oder unmittelbar zu klagen haben können; und so wäre auch das Recht wider Richter und Zeugen Einwendungen zu machen, diese den Angeklagten so nothwendige Rechtswohlthat, bey Königen unanwendbar.

Wenn man auch jetzt von diesen allgemeinen Grundsätzen abgehen wollte: so müßte man doch zugestehen, daß dem französischen Monarchen in der politischen Konstitution, die er unterschrieben hat, die Unverletzbarkeit auf das ausdrücklichste vorbehalten worden ist. Mit diesem so neuen als ordentlichen Kontrakt in der Hand, würde Ludwig XVI. mit vollem Rechte sagen: Ihr könnt eure Gewalt nicht mehr dahin ausdehnen, meine Person einem Gerichte zu unterwerfen, ohne zugleich die Verletzung des mit mir geschlossenen Vertrags auf das auffallendste an den Tag zu legen.

Wirklich hat die nämliche Konstitution, welche den Vertrag zwischen der Nation, und ihrem König bestättiget, zugleich nicht nur die Person des Fürsten unverletzbar anerkannt, sondern auch auf die Fehler und Verräthereien, die etwa wider ihn aufgebracht werden könnten, zum voraus die Thronsentsetzung bestimmt, und ihre Strenge nicht weiter ausgedehnt. Ein solcher Vertrag ist um so heiliger, als es wahrscheinlich ist, daß, wenn man dem Könige dießfalls in der Konstitutionsakte eine andere Strafe als den Verlurst des Throns vorgetragen hätte, Ludwig XVI. um diesen Preis die Krone nimmermehr angenommen haben würde. Wenigstens würde man auf den Fall, daß seine Person vor irgend einem Gerichte in Gefahr gerathen sollte, verlangt haben, daß er erst nach einem geraumen Zeitverlaufe, wann sich nämlich alle wider ihn erregten Leidenschaften gestillet haben werden, vorgerufen werde; denn man kannte schon zu sehr den gewaltigen Einfluß der Bewegungen des Volks, so wie desselben unüberlegtes Benehmen, um mehr zuzugeben, daß die Person des Monarchen, und die Ehre Frankreichs, dem ungewissen Erfolge einer wandelbaren Volkswuth Preis gelassen werde; und man hätte vorgesehen, daß in dem Laufe einer Revolution, und bey dem ersten Ausbruche derselben Niemand Muth genug gehabt haben würde, seinen Gesinnungen und seinem Gewissen gemäß zu handeln.

Wir mögen also den Grundsatz über die Unverletzbarkeit der Könige im allgemeinen, oder insbesondere betrachten, so finden wir ihn eben so billig gerecht, als nothwendig. In freyen Regierungen ist dem Staatsinteresse die Verantwortlichkeit der Minister hinlänglich; und bey näherer Untersuchung des wahrhaften Sinnes

dieser

dieser Verantwortlichkeit, wird man leicht begreifen, daß, wenn die ersten Beamten eines Monarchen die Pflicht auf sich haben, ihm, wenn er unbillige Dinge fordert, den Gehorsam zu versagen, dadurch stillschweigend angedeutet werde, wie frey er dann, wenn sie sich wirklich seinem Willen fügen, von aller Verantwortung sey, damit nicht das nämliche Gesetz, welches den Fürsten alle Gewalt benimmt, denselben wieder über die hieraus entstehenden Folgen verantwortlich mache.

Endlich muß ich es sagen, daß wenn auch der Grundsatz der Unverletzbarkeit des Königs, so wie er in seinem wahren Verstande angenommen wird, wenn das Gesetz, das ihn heiligt, nicht bestünde, wenn seiner in der Konstitution nicht feyerlich gedacht, und solcher nicht von allen Franzosen beschworen wäre; so bliebe schon allein die Ludwig dem XVI. schuldige Erkenntlichkeit eine heilige Pflicht! Sollte ich wohl die Franzosen darauf erinnern müssen? Sie, die doch sonst, wo es nicht mehr um das Glück ihres Königs zu thun ist, so stolz darauf sind? Sollte dieses wohl nothwendig seyn, um ihrer Härte, ihrer Ungerechtigkeit, und ihren Gewaltthaten wider ihn Einhalt zu thun? O! wer hätte mir einst das gesagt: mir, der ich ihm so oft in Stunden, wo man ihm ein sicheres Mittel, Wohlthaten erweisen zu können, vorschlug, gerührt sah, der ich so oft wahrnahm, wie er aus einer gewissen Schüchternheit seine Rührung verbergen wollte, die bereits seine Thränen schon verrathen haben? Könnt ihr noch läugnen, daß seine Regierung von verschiedenen Wohlthaten, die seinen besondere Volksliebe deutlich darstellen, bezeichnet seyn? Wurden nicht unter seiner Regierung, und zur Zeit als er noch sein Ansehen hatte, die Frohendienste

diese

diese Geißel des Landmannes abgestellet, und in eine den Gütern verhältnißmäßige Auflage umgeschaffen? Wurde nicht auch unter der nämlichen Regierung die Vermögenssteuer — diese bis dahin willkürliche Auflage, auf einen unveränderlichen Fuß gesetzt? War es nicht unter seiner Regierung, wo die Abschaffung der Leibeigenschaft durch den Anfang, den er damit auf seinen Gütern machte, befördert wurde? War nicht er es, dieser menschenfreundliche, und mitleidige Fürst, der durch Abschaffung der geheimen Hinrichtungen, und der greulichen Folter, die nur dazu bestimmt war, um einem unglücklichen eine Zeugenschaft wider sich selbst abzuzwingen, das peinliche Verfahren von allen jenen Unmenschlichkeiten reinigte, die es durch so viele Jahrhunderte entstellten? Hat nicht er sich unaufhörlich mit der Verbesserung der Gefängniße, und der Spitäler beschäftiget, wie ein zärtlicher Vater, und ein mitleidiger Freund für die Zufluchtsörter des Elendes und die Bewahrungsörter des Unglücks und Vergehens gesorgt? Hat nicht vielleicht er unter allen Beherrschern Frankreichs allein mit dem heiligen Ludwig das seltene Beyspiel von der Reinigkeit der Sitten gegeben? Soll man ihm nicht auch das Verdienst angönnen, daß er gottesfürchtig ohne Aberglaube, und gewissenhaft ohne Intoleranz war? Und haben nicht so viele Einwohner Frankreichs, die von seinen Vorfahrern verfolgt waren, von ihm den Schutz der Gesetze, und sogar das Bürgerrecht wieder erlangt, welches sie aller Vortheile, die dem Bürgerstande zukommen, theilhaft machte? Aber diese Wohlthaten sind schon in vorigen Zeiten geschehen, allein soll sich wohl die Erkenntlichkeit, diese herrliche Tugend mit andern Epochen, und Lebenszeiten beschäftigen? Endlich wer könnte Ludwig XVI. nach so vielen,

sowohl

sowohl öffentlichen, als Partikularhandlungen, die eure Aufmerksamkeit verdienen, noch vorwerfen, daß je sein Herz dem Mitleide, und der Barmherzigkeit nicht offen gewesen? Tausend Stimmen würden sich erheben, um Züge seiner einnehmenden Güte anzuführen, und tausend Stimmen würden sich einander wetteifern, ihm dieses gerechte Zeugniß zu geben. Und diesen nennet man einen Tyrann! Doch seine Wohlthaten hielt er viel zu geheim, er trachtete viel zu sehr Lobeserhebungen zu entgehen, und war von dem Verlangen nach Ruhm zu weit entfernt. Dieserwegen glaube ich, daß sich, ohne der dem Könige schuldigen Ehrfurcht zu nahe zu treten, behaupten lasse, blos dieser Karakter, so wie die auffallende Bemühung, jene edlen Empfindungen zu unterdrücken, die mit seiner ausserordentlichen Bescheidenheit, und mit dem Begriffe der Erhabenheit seines Ranges immer im Streite waren, haben ihn vor den Augen der Welt so sehr herabgesetzt. Freylich hat dieser Monarch, ob er gleich mit den wesentlichsten moralischen Fähigkeiten ausgerüstet war, in der Staatsverwaltung Fehler begangen; allein, wo ist der Mann, der die Geschäfte eines so grossen Reiches ohne zu fehlen, oft zu-fehlen, besorgen könnte! Wo ist der Mann, der diesem in allem Betrachte so viel umfassenden Amte vorzustehen im Stande wäre, ohne sich Ministern anvertrauen, und dadurch Gefahr laufen zu müssen, bey Zufällen ihrer verschiedenen Karaktere, und ihrer verschiedenen Fähigkeiten ausgesetzt zu werden? Wenigstens hat Ludwig XVI. das sonderbare Verdienst gehabt, das ungleiche Verhältniß zwischen den menschlichen Kräften, und den Pflichten eines Königs von Frankreich einzusehen, ja, das noch seltenere Verdienst, daß er seine Nation von den eben so traurigen, als unvermeidlichen Folgen eines

solchen

solchen Abstandes befreyen wollte. Hiezu machte er den Anfang damit, daß er die Administration der Provinzen, seinen eigenen Kommissären, die unter dem Name Intendant (1) bekannt sind, abnahm, und solchen Versammlungen übertrug, die aus Bürgern bestanden, welche zur Hälfte aus dem privilegirten Stande, und zur einen Hälfte aus dem dritten Stande (Tiers-Etat) frey gewählt wurden, und denen er noch die Vertheilung der Auflagen, so wie das ganze ökonomische Fach der innern Staatsverwaltung überließ. Wie viel Segenswünsche erhielt er nicht in dem Zeitpunkte, wo er diese Einrichtung traf, nach der man sich so allgemein gesehnet hatte. Man glaubte, er habe alles für Frankreich gethan; und doch machte er damit nur den Anfang zu seinen Wohlthaten, denn nachdem er dem Wunsche der Franzosen, und dem Resultate seiner eigenen Überlegung nachgegeben hatte, wollte er selbst die Deputirten der Nation um sich haben, auf diese Art das öffentliche Zutrauen, und die Freyheit der Nation gründen, so wie an der Abstellung aller Mißbräuche arbeiten, die er allein nicht hätte heben können. Gewiß sind dies Anstalten, aus denen die großmüthigsten Absichten hervorleuchten, welche je die Regierung eines Fürsten ausgezeichnet haben.

Damals waren noch keine Begriffe von Freyheit, die nun so allgemein sind, vorhanden. Als der König die Stände des Reichs versammelte, die bereits durch zwey

Jahr-

---

(1) Intendant heißt im Französischen ein Oberaufseher; daher sagt man Intendant de marine Oberaufseher über das Seewesen, Intendant des Armées navales über die Kriegsflotte. Öfters wird dieses Wort auch für einen Hausverwalter Intendant de Maison genommen.

Jahrhunderte in Vergessenheit waren, und zugleich auf das feyerlichste zu verstehen gab: (1) Daß er diese wichtige Epoche der Einführung einer dauerhaften Ordnung, die der Vernunft, den Wünschen Frankreichs und dem Wohl des Staats angemessen wäre, widmen wolle, und daß er bereit sey von seinem königlichen Ansehen alles aufzuopfern, was zur Erreichung eines so glücklichen Ziels für nothwendig gehalten würde; damals, sage ich, hatte man noch keine Begriffe von Freyheit. Nicht zufrieden in dieser Rücksicht mit allgemeinen Ausdrücken zu reden, kündigte er sogar noch insbesondere an, daß er sich mit den Repräsentanten der Nation über jene Mittel berathschlagen wolle, wodurch ihre zeitweise Einberufung und Zusammenkunft gesichert würde; wirklich schlug er selbst das schicklichste Mittel durch eine Erklärung vor, vermög welcher künftig keine Steuer, kein Ansehen, und keine Auflage, ohne die Einwilligung der Reichsstände mehr Statt haben; auch jede öffentliche Ausgabe von ihrer Entscheidung dergestalt abhängen solle, daß selbst die besondern Auslagen für seine Person von dieser Regel nicht ausgenommen blieben. Endlich äußerte er aufs deutlichste seinen Wunsch, daß jede willkührliche Macht aufgehoben werden solle. Diese Erklärungen machte der König schon in der Zeit, als seine Gewalt noch uneingeschränkt war, und bevor die Stände versammelt, bevor sie einberufen wurden. Welcher Monarch hat zur Gründung der allgemeinen Freyheit freywillig, und auf Kosten seiner Macht soviel beygetragen? Ich glaube, daß die Geschichte hievon kein Beyspiel liefere.

Der

---

(1) S. das Resultat des am 27. December 1788. gehaltenen Rathes.

Der nämliche Monarch ist's doch, der nun in einem harten Gefängnisse sitzt — der nämliche ist's, an dem man sich jetzt rächen will — der nämliche ist's, dessen unerhörte Leiden euch noch nicht genug sind — der nämliche ist's, bey dem ihr wie die Juden schreyet: Kreuziget ihn, und laßt die Mörder los: O mein Gott! schenke du ihm Trost, und stärke seinen Muth!

Sylla, der Wütrich, endigte sein Leben im Schoose seines Vaterlandes, nachdem er durch alle ersinnlichen Gräuelthaten seine Wuth gestillet, überall Tod und Verheerung verbreitet hatte, und müde an der Wahl und der Menge seiner Schlachtopfer war. Die Römer vergaßen seine Laster in dem Augenblicke, wo er ihnen jene Freyheit wieder gab, der er sich widerrechtlich angemaßt hat. Welcher Kontrast mit dem Schicksale Ludwigs XVI.? Er schmachtet in der schrecklichsten Gefangenschaft, wiewohl er beständig gut, sanft und mitleidig war, auch nicht von ferne die Rechte der Nation verletzte, sondern vielmehr durch die Aeußerung eines edlen Gefühls zur öffentlichen Freyheit den Weg bahnte. In der That ein wichtiger Gegenstand für die Geschichte — wichtige Züge zum kläglichen Gemählde der Veränderlichkeit des menschlichen Schicksales.

Für diesen unglücklichen Fürsten wünschte ich, daß er nach jenen Gesinnungen, die jedem Menschen sonderheitlich eigen sind, und nur in dem innersten seines Herzens bestehen, beurtheilet, und geschätzet würde; denn ich weiß, wie gefährlich jene allgemeinen Meynungen seyn, die von dem herrschenden Geiste gelenkt werden, und zu welchen man sich, uneractet man von Natur aus zum

Mitleid

Mitleid und zur Güte gestimmt ist, gesellen muß, ohne mehr Zeit zu haben, sich zu überzeugen, und zu untersuchen, ob hier Strenge und Haß am rechten Platze angewendet werden könne.

Ich bestrebe mich, alle Mittel aufzusuchen, die Meynungen des Volkes auf ihren vorigen Weg zurückzubringen, und ihnen Liebe für Gerechtigkeit wieder einzuflößen. Vorzüglich rufe ich euch Vorstehern der ehemaligen Gemeinden des Reichs zu, die ihr euch so schnell als Feinde und als strenge Richter eures unglücklichen Monarchen zu einer Zeit gezeigt habt, wo euch die blosse Erkenntlichkeit ihn zu lieben, und zu vertheidigen die Pflicht auferlegt hätte — vergeßt nicht, daß der dritte Stand unaufhörlich von der Regierung verlangte, bey den Reichsversammlungen eine mit den Deputirten der zween andern Stände gleiche Anzahl zu haben, — erinnert euch, wie nachdrucksam er vorstellte, daß alle Fehler der Staatseinrichtung, und alle Ungleichheiten bey der Vertheilung der öffentlichen Aemter, die den ersten zween Ständen so wohl zu statten kommen, noch bestünden, die alten Misbräuche noch immer beybehalten, oder wenigstens denselben keine gehörigen Schranken gesetzt würden, daß der dritte Stand in allem Betrachte — bey Berathschlagungen nach Kammern sowohl, als bey jenen der Gemeinden noch geringer an der Zahl, als die Deputirten der privilegirten Stände, und wenn auch diesfalls eine völlige Gleichheit bestünde, doch sein Einfluß noch geringer wäre, weil seine Deputirten nothwendig größtentheils aus Männern bestehen würden, die vermög ihrem Stande der Macht der geistlich- und Weltlichen Herren unterworfen sind. Stehten bey solchen Umstän-

Umständen nicht die Gemeinden den Schutz eines zärtlichen Vaters, und eines wohlthätigen Monarchen an? War dazumal nicht von beständiger Unterwürfigkeit für die königliche Gewalt, und von dem Interesse die Rede, welches sie so enge mit dieser ihrer Beschützerinn verband? Und erneuerten sie nicht zugleich den Eid ihrer sonderheitlichen Ergebenheit für die Person des Fürsten, dessen Tugenden und edle Absichten sie anpriesen? Der König hielt ihre Bitten für gerecht, und gab ihrem Ansuchen Gehör. Sein diesfalls gefaßter Entschluß erregte bey den Gemeinden des Reichs die lebhaftesten Dankgefühle: so daß, wenn man heute die Briefe, und die Aeußerungen, welche die verschiedenen Municipalitäten des Reichs damals zur Regierung einsendeten, und die insgesammt rührende Ausdrücke vollkommenster Dankbarkeit gegen den König enthielten, bekannt machte, zwischen solchen und der heutigen Sprache ein sonderbarer Abstand dargestellt würde. Man hat die eben angeführten Dankgefühle dadurch abzulegen gewußt, daß man vorgab, diese zu Gunsten der Gemeinden genommene Entschließung wäre blos von den Umständen, und der Stärke der allgemeinen Stimmung veranlaßt worden. — So kann man sich aber nach Belieben von den Banden der Erkenntlichkeit losreissen; denn, wenn die verschiedenen Beweggründe einer wohlthätigen Handlung mit Scharfsinn untersucht würden: so müßte sich allzeit zeigen, daß so eine Handlung, oder aus einem persönlichen, moralischen, politischen, oder religiösen Interesse entsprungen sey, dessen Entdeckung, allem möglichen Undanke zum Vorwande dienen müßte. Aber ach! diesem unglücklichen Fürsten darf man heute nicht mehr das tröstliche Bild der Erkenntlichkeit, und der unzähligen Segnungen, mit denen er sich noch vor

zwenwenigen Jahren erfreuen konnte, vorstellen. Für ihn hat sich alles geändert. Er sah einst, wie ich schon gesagt habe, sein Leben mit den wohlthätigsten und denkwürdigsten Handlungen für das allgemeine Beste geziert, und die sichtbarsten Beweise, die rührendsten Merkmale einer Ergebenheit seiner selbst für das allgemeine Beste, so wie das tröstliche Bewußtseyn, und seine gerechten Hoffnungen verschaften ihm die schönste Aussicht für die Zukunft. O welch ein unerhörter Unglücksfall! welch ein unergründliches Verhängniß! dieser Fürst, der für die französische Nation mehr gethan hat, als alle seine Vorfahren, und dessen Privatleben von keiner Mackel beflecket war, dieser Fürst sieht sich nun den Widerwärtigkeiten der härtesten Gefangenschaft ausgesetzt — diesem hat man jeden Trost benommen, diesen überläßt man seinen Thränen — ihm ist alle Erkenntlichkeit, Liebe, Mitleid, und kurz jedes Gefühl versagt, auf das er sich mit so vielem Rechte hätte verlassen können. Man gieng noch weiter, man bestrafte ihn, weil er sein Vergnügen in dem häuslichen Leben suchte, und behandelt mit gleicher Schmach die getreue Gefährtinn seines Unglücks — diese Fürstinn, die eine Abkömmlinginn so vieler Könige, und die geliebte Tochter Theresiens — dieser erlauchten Kaiserinn ist, welche sie der bekannten Gastfreundlichkeit der Franzosen anvertrauet hatte. Ach! wo ist der Thron, wo die Ehren, welche der Erhabenheit ihrer Geburt zustehen, und welche ihr in der Stunde, wo sie ihr Vaterland verließ, und auf den Schutz der besten und verehrungswürdigsten Mutter Verzicht thun mußte, versprochen wurden. Jetzt vereinigt sie ihre Thränen, mit jenen ihres unglücklichen Gemahls. Ein kleiner Sprosse erhebt zwischen ihnen seine unschuldigen Hände, und seine Zuversicht, sein ruhiges Vertrauen, das er in seine' Liebkosungen setzt — sein schwaches Erinnern an das, was vorgegangen ist — seine Unwissenheit der zukünftigen Ereignisse, und die Hilfe, die er sucht, und man ihm nicht versprechen kann, alles dieses rührt und zerreißt das Herz seiner unglücklichen Aeltern. Vor kurzem war er noch ihre geliebte Hoffnung, jetzt dient er nur mehr zur Vergrösserung ihres Schmerzens. Doch ich kann dieses Gemählde nicht vollenden, meine Seele von Schmerz durchdrungen, versagt mir hiezu die Kräfte. Indessen bemerken meine von Thränen benetzten Augen in dieser Trauerscene, und im Kreise dieser trostlosen Familie, noch eine heldenmüthige Prinzessinn die Schwester, und getreue Freundinn des unglücklichen Monarchen, von dem sie sich ohne zu sterben, nicht hätte entfernen können. Bey der Begebenheit am 20. Juny sah man sie neben ihrem Bruder in dem Augenblicke, als er von einer unbekannten Horde, welche sich mehrere Stunden hindurch unter dem lärmenden Gedränge des Pariser Volkes befand, bedrohet war —. man sah sie mit einer in ihrer Art einzigen Regung, den Irrthum benützen, in welchem sie von Männern, deren herumirrende Blicke die Begierde nach einem Opfer verriethen, einen Augenblick für die Königinn gehalten wurde, weil sie alsdann hofte, ihre völlige Bereitwilligkeit für den Tod, würde die blinde Wuth dieser Männer stillen können. Gewiß hat sich der Himmel, auf den sie allein ihr Vertrauen gesetzt hat, der auch allein Zeuge der Tugenden ihres Lebens war, sie zu belohnen vorbehalten, und die Erde vermag nichts wider sie. Ist ferner diese brennende Liebe einer Schwester, deren Regungen so rein sind, und die warme Freundschaft für einen Bruder, von dem sie sich nie entfernet hat, und bey dessen Unternehmungen sie allzeit gegenwärtig war,

dessen

dessen Gedanken sie alle wußte, ist, sage ich, diese unveränderliche Freundschaft nicht ein neues Zeugniß für die Tugenden desjenigen, den sie zum einzigen Gegenstande derselben gemacht hat. Ach! mir ist, ich sehe diesen unglücklichen Fürsten, wie er einen Blick voll Zärtlichkeit auf die zwo Gefährtinnen seines Schicksals wirft, und ihnen mit bewegter Stimme sagt:.. Wenn dieses Volk, das ich sehr geliebt habe, ungerecht wider mich verfährt, so hoffe ich, daß ihr es nicht thun werdet... ihr habt mehr als einmal in das Innerste meines Herzens gesehen, und ihr wisset, wie redlich meine Wünsche waren... sagt es ihnen einst; sie werden euch vielleicht glauben, wann ich nicht mehr seyn werde...

O Franken! im Namen eures vorigen Ruhms — im Namen eures vorigen Ansehens; ach! vielleicht noch im Namen jener Erkenntlichkeit, jener Großmuth, die so lange eine der schönsten Zierden eures Karakters waren, aber vorzüglich im Namen des Himmels und der Barmherzigkeit rufe ich euch zu, verwerfet insgesammt die Anschläge derjenigen, die dahin ausgehen, euch auf den höchsten Grad der Undankbarkeit zu bringen, und die euch mit ihren stürmischen Leidenschaften, und ihren greulichen Absichten ins Spiel bringen wollen. — Ein König, geben sie vor, ist nur ein Mensch, und man ist seinem Schicksale keine besondere Obsorge schuldig; allein dieses ist nicht wahr — kann in der Voraussetzung unsrer Grundsätze nicht wahr seyn. Ein König bringt uns, bey dem Verluste seines Glücks, und wann sein Unglück aufs höchste gekommen ist, das Andenken an jene Verhältnisse wieder, die uns mit ihm so enge verbunden haben, und weil wir ihn wegen seinem Vermögen, uns zu schützen, lange für einen moralischen Theil unsers Selbst gehalten haben, so scheint seine Erniedrigung uns anzugehen. Auch können wir noch nicht vergessen, daß ein Monarch, der den Thron geerbt hat, sich nicht aus eigenem Willen, nicht aus Vertrauen auf seine eigenen Fähigkeiten, sondern vermög Geburt und der Pflicht, welche ihm dieses Glückspiel auflegt, am Ruder des Staats befindet. Daher kann er zu unserm Dienste nur jene Mittel, nur jene Geistesgaben anwenden, die er von der Natur erhalten hat; daher nehmen wir auch stillschweigend die Pflicht auf uns, mit seinen Fehlern Nachsicht, und mit seinen Schwachheiten Mitleid zu haben. Freylich entfernen uns Augenblicke, wo Enthusiasmus, oder Leidenschaften die Oberhand gewinnen, von derlei Gedanken, und scheinen auf eine Weile den natürlichen Gang unserer Gesinnungen zu zerrütten; aber nachdem die Rache den höchsten Grad erreicht hat, denkt man zurück, und die Seele wird von Schmerz und Reue geängstiget. Ich stelle hier nicht blos spekulative Gedanken auf. Man lese nur in der von einem philosophischen Schriftsteller ans Licht gegebenen Geschichte des Hauses Stuart, den schrecklichen Eindruck, welchen das traurige Ende K a r l s I. auf alle Herzen machte. Hierauf hefte man seine Aufmerksamkeit (1) und frage sich dann selbst, ob nach unsern

Ent-

---

(1) Ich will hier einen einzigen Paragraph anführen, den ich buchstäblich aus der französischen Übersetzung des von Herrn Hume verfaßten Werks S. 174. 2ten B. und der Auflage in 4to. gezogen habe.

Es ist unmöglich, den Kummer, den Zorn und das Erstaunen auszudrücken, welches nicht nur unter den Zuschauern, die gleichsam in einer Fluth von Bekümmerniß versanken, sondern auch unter der ganzen Nation Platz nahmen, sobald sich das Gerücht von

dieser

Empfindungen ein König nicht mehr als ein Mensch sey, vorzüglich wenn er lange im Besitze unserer Liebe und das Vorbild unserer Vereinigung war. Man lese nur diese schaudernde Erzählung, und versuche es dann ohne bewegt zu werden, den schrecklichen Gedanken zu fassen, an welchen man die französische Nation gewöhnen möchte. Ja man lese diese fürchterliche Geschichte, und wage es noch das Urtheil eines von dem Schicksale so äußerst verfolg-

dieser unglücklichen Hinrichtung verbreitete. Nie noch ist ein Monarch mitten im Triumphe seines Glücks und seiner Siege dem Volke theurer gewesen, als diesen unglücklichen Fürsten seine Unglücksfälle, seine grosse Seele, seine Geduld, und seine Frömmigkeit bey den Engländern gemacht hatten. Mit eben der Heftigkeit, womit sie sich in ihrer vorigen Verblendung wider ihn hatten erbittern lassen, kehrten sie jetzt wieder zu ihrem Gehorsam, zu ihrer Liebe zurück, indem ein jeder sich entweder einer thätigen Treulosigkeit gegen ihn, oder einer gar zu schwachen Vertheidigung seiner unterdrückten Sache beschuldigte. Auf schwächern Seelen hatten diese mannigfaltigen Leidenschaften Wirkungen, welche bis ins Wunderbare stiegen. Man sagt, Weiber hätten die unzeitige Frucht ihres Leibes zur Welt gebracht: andere geriethen in Verzückungen, oder in eine solche Melancholie, welche sie bis an ihr Ende behielten: ja es wird erzählt, daß einige ohne sich ihrer selbst bewußt zu seyn, auf der Stelle todt zur Erde fielen, als wenn sie ihren geliebten König nicht überleben könnten, oder nicht überleben wollten. Sogar die Kanzeln wurden mit unverstellten Thränen benetzt, diese Kanzeln, welche vormals den heftigen Fluch und die größten Anathamen wider ihn ausgedonnert hatten. Und alle vereinigten sich in ihrer Verfluchung dieser heuchlerischen Königsmörder, welche durch heilige Vorwände ihre Treulosigkeiten so lange verlarvet, und in dieser letzten Handlung der abscheulichsten Gottlosigkeit der Nation einen unauslöschlichen Schandfleck angehängen hatten.

ten Fürsten in einem Zeitpunkte zu sprechen, wo die Leidenschaften am heftigsten sind. Dieser Monarch, dessen Unglück ihr so sehr vergället, behält eine Ruhe bey, die nur der Unschuldige haben kann; und er hat sogar in seinem demüthigenden Verhafte das Gefühl jenes bescheidenen Stolzes bepbehalten, über das sich ein König nie wegsetzen darf, welcher durch 20 Jahre die größte Nation beherrschte, und sich von Kindheit an als das Oberhaupt der Franzosen betrachten konnte; aber wenn etwa Furcht und Niedergeschlagenheit bey euch mehr vermögen, wenn ihr etwa gebeten — dringend gebeten seyn wollt, so braucht ihr nur auf die vereinten Wünsche Europens, auf die Angst und die allgemeine Bestürzung, so wie auf die mit so vielen Thränen begleitete Theilnahme einen Blick hinzuwerfen — ihr braucht nur jene Gesinnungen zu durchschauen, die man gegenwärtig blos aus einer edlen Bescheidenheit noch unterdrückt hält. Zweifelt nicht, daß nicht die Sache eures unglücklichen Monarchen die Sache der ganzen Welt geworden sey. Ehret daher die unzähligen Stimmen, welche euch schon das unveränderliche Urtheil der Nachwelt verkünden; denn vor ihrem Richterstuhle werden jene Scheingründe nichts gelten, welche heute eine blinde Volksmenge zu verführen hinreichen. Vor diesem Richterstuhle werdet ihr euch mit dem Vorwande, daß das Volk souverain sey — und daß es das Volk so gewollt habe, nicht rechtfertigen; denn dieser Wille, den ihr mit so vielem Prunke vorschützt, ist nur euer Werk, wie euch selbst am besten bekannt ist. Am Tage, wo der Prozeß Karls des I. anfieng, und wo bey dem zu seiner Verurtheilung versammelten Blutgerichte, der Gerichtschreiber die Sitzung mit dem eröffnete, daß er die Anklagsakte wider den Monarchen vorlas, hörte man in

dem

dem Augenblicke, wo er die Worte: „Anklage des englischen Volkes„ ausssprach, eine Stimme aufrufen: „Not a tenth part of them„ nicht ein zehenter Theil dieses Volkes. Es war die Stimme der Lady Fairfax der Gattinn des Freundes und Waffengefährten Cromwels; man kannte sie nicht, als ein Blick des Tyranns dem Offizier der Wache den Befehl zuwinkte, auf die Tribune, woher dieser Zuruf gekommen war, zu feuern. Dieser Befehl legte der Madame Fairfax Stillschweigen auf, aber die Nachwelt hat die Worte, die aus ihrem Munde kamen, mit Beyfall aufgenommen. Man schütze auch den Namen des französischen Volkes nicht vor, um die Verurtheilung seines unglücklichen Königs zu erwirken; dieses Volk wäre gut, sanft und mitleidig geblieben, wenn man es bey seinen natürlichen Anlagen gelassen, und nicht so viele Mittel angewendet hätte, seinen Karakter zu verunstalten; ja man hat dieses Volk entstellt, es ist nicht mehr das nämliche, und doch will man, daß dessen Meynungen in dem Augenblicke seiner Umschaffung, in dem Zeitpunkte eines so schnellen Uberganges für ein unverwerfliches Urtheil gelten sollen. Sagt ihm, wenn ihr es wagen dürft, daß Güte und Großmuth, vorausgesetzt, daß sie uneingeschränkt sind, jederzeit die reinsten Bestandtheile der Moral ausmachten, sagt ihm, daß ohne dieselben — ohne diesem ewigen Gesetze, welches alle Nationen von Geschlecht zu Geschlecht für heilig hielten, auf dieser Erde kein Glück, kein Vertrauen und keine Ruhe mehr ist. Ersparret also diesem Volke, wenn ihr es doch noch liebt, den letzten Schritt zur Grausamkeit. Ihr habt ohnedies lange genug über alle Grausamkeiten, wovon ihr Zeugen waret, zu seufzen. Rettet — rettet noch die Uberbleibsel der Ehre Frankreichs dadurch, daß ihr einen unglücklichen Fürsten mit eurem Schilde bedeckt, und jenes blutdürstige Geschrey erstickt, vor welchem Himmel und Erde zurückbebt. Möchte euer König in dem Augenblicke, wo sein Unglück am größten ist — möchte euer Wohlthäter in dem Augenblicke, wo selbst das Herz des Wilden gerührt wird, unter euch einige Freunde finden. Ich rede nicht mehr von seinem Range, von seiner vorigen Größe, und der Königswürde: diesfalls lasse ich die Entscheidung der verschiedenen politischen Meynungen der Zeit über; ich sage nur, daß ich kein System der Freyheit kenne, das auf ewig durch eine solche Gewaltthat geschändet wurde — deren bloßer Gedanke in jedem Manne von Gefühl Abscheu erregen muß. Wie konnte ich selbst im Stande seyn, meine Gedanken auf einen solchen Gegenstand zu richten? und wie war es möglich, mich dabey aufzuhalten? Gewiß, es giebt Empfindungen die Uiberwindung kosten. Wenn bey dem bloßen Anblicke der Lage des unglücklichsten Fürsten, und bey Betrachtung der Gefahren, die ihn bedrohen, nur mit Schande an seiner Vertheidigung gearbeitet werden kann, welche quälende Empfindungen werden erst einst diejenigen zu gewarten haben, die ihn jetzt so standhaft verfolgen? Alle erdenkliche Reue, alle Gewissensbisse werden ihr Herz peinigen, und sollten sie endlich gar ihr letztes Ziel erreichen — sollte ihnen ihre unmenschliche Absicht gelingen . . .

Doch mein Gott! du wirst über diesen Fürsten wachen, der ein Freund der Religion, ein Freund der Moral ist, und dessen Herz immer der Güte und der Barmherzigkeit offen stand! Besänftige zu seiner Rettung die wilden Gemüther, erweiche die gefühllosen Herzen,

und

und setze ihrer Blindheit ein Ziel; darum steht dich die ganze Welt auf den Knien an. Der Grausamkeiten und der Schlachtopfer wären schon einmal genug — möchtest du doch wieder so vielen Unglücklichen einen tröstlichen, und der unterdrückten Unschuld ruhigen Tag verleihen, einen Tag, der eine grosse Nation zu jenen sanften Tugenden, gelinden Gesinnungen, und jenen edlen Eigenschaften wieder zurückführen könnte, durch welche sie sich allein von den Völkern der Erde wahre Verehrung, und aufrichtige Theilnahme an ihrer Freyheit, und ihrem Ruhme verschaffen kann.

Anhang.

Vertheidigungs-Rede

des

Herrn de Seze

für

Ludwig XVI.

Aus dem Französischen.

Bürger! Stellvertreter der Nation! Der Augenblick ist endlich gekommen, da Ludwig, im Namen des französischen Volks angeklagt, und umringt von dem Rath, welchen ihm Menschlichkeit und Gesetze geben, seine Rechtfertigung hören lassen wird. Die Stille selbst, die mich umgiebt, zeigt mir, daß der Tag der übereilten Urtheile dem Tag der Gerechtigkeit Platz habe machen müssen. Das Unglück der Könige hat etwas mehr anziehendes, mehr heiliges, als das Unglück anderer Menschen: und derjenige, der auf dem glänzendsten Thron des Weltalls saß, muß auch jetzt noch eine weit mächtigere Theilnehmung erregen. Ihn haben Sie mitten unter diese Versammlung gerufen. Er ist gekommen, mit Ruhe, mit Würde, stark durch seine Unschuld, gestützt auf das Zeugniß seines ganzen Lebens. Er hat Ihnen neulich sogar seine Gedanken

eröf-

eröfnet, indem er im ersten Verhör ohne Vorbereitung, ohne Untersuchung sich über Beschuldigungen verantwortet, die er nicht voraussah, indem er, so zu sagen, aus dem Stegreif seine Vertheidigung selbst gab. Ludwig hat nur von seiner Unschuld sagen können, ich komme, um Sie davon zu überzeugen. Ich bringe die Beweise mit.

Sie haben dekretirt, Ludwig soll von Ihnen gerichtet werden, vermuthlich, weil Sie dachten, Er dürfe seine Unverlezbarkeit nicht geltend machen. Sie haben sich zum Richter in eben der Klag-Sache erklärt, welche Sie selbst als Kläger anhängig machten.

Nationen sind Souverains. Es steht ihnen frey, sich jede beliebige Regierungsform zu geben. Aber eine Nation kann das Souverainitäts Recht nicht selbst ausüben. Sie muß also irgend Jemand dessen Ausübung auftragen. Im Jahr 1789 wollte die Nation eine monarchische Regierung. Diese erforderte die Unverlezbarkeit ihres Anführers. Er mußte den Respekt einflößen, welcher den Gehorsam lieben macht, den das Gesetz befiehlt. Es war zwischen der Nation und Ludwig XVI. ein wirklicher Vertrag, so lange solcher nicht widerrufen wurde. Oder, wenn man will, es war nur ein Auftrag. Aber der, dem man den Auftrag gab, konnte sich doch keine andere Bedingungen oder Strafen denken, als solche, die in der Auftrags-Urkunde bemerkt waren.

Die Urkunde des Vertrags oder des Auftrags, die Konstitution, sagt deutlich: der König ist unverlezbar. Dabey ist von keiner Ausnahme, von keiner Einschränkung dieser Eigenschaft die Rede. Nur sind mehrere

Unt-

Umſtände ausdrücklich bemerkt, unter welchen er dieſen Karakter der Unverletzbarkeit verliert; nemlich, wenn er die Konſtitution nicht beſchwören will; oder wenn er, nachdem er ſie beſchworen, ſeinen Eid zurück nimmt; wenn er ſich an die Spitze einer Armee ſtellt, und die Macht des Staats feindlich gegen die Nation gebraucht: oder wenn falls eine ſolche feindliche Unternehmung von andern in ſeinem Namen gemacht werden ſollte, er ſich nicht derſelben durch eine förmliche Erklärung widerſetzen würde; wenn er aus dem Reiche gegangen, und auf Einladung der geſetzgebenden Verſammlung nicht zurückgekehrt wäre. In allen dieſen Umſtänden, wird er, nach dem klaren Buchſtaben der Konſtitution, angeſehen, als ob er auf die Krone Verzicht gethan hätte.

Von einem Gericht über den König, wenn er auf eine dieſer gedachten Arten ſich verfehlte, von einer wirklichen Strafe, von Abſetzung iſt nicht die Rede. Die Konſtitution ſagt nur: Der König wird angeſehen, als habe er ſelbſt dem Throne entſagt. Sie ſpricht das Wort Abſetzung nicht aus. Nach dem ſchrecklichſten Verbrechen, einem Krieg gegen ſeine Nation, erklärt ſie nur, daß er in die Klaſſe der Bürger zurückkehre.

Uibrigens muß das Geſetz gleich ſeyn zwiſchen dem König und der geſetzgebenden Verſammlung. Auch dieſe konnte die Nation verrathen. Sie konnte die Souverainität der Nation an ſich reiſſen. Die Nation hat das Recht auch eine Strafe gegen die Deputirten zu beſtimmen. Sie that es aber nicht.

So wie nun eine Gesetzgebende Versammlung, wenn sie auch auch wirklich die Nation verrathen, oder deren Souverainetät an sich gerissen, oder die bestimmte Zeit ihrer Dauer verlängert hätte, weder im Ganzen noch in einzelnen Gliedern von der Nation zur Verantwortung oder Strafe gezogen, sondern nur von ihrem Auftrage und Amte entlassen werden könnte, weil auf jene Fälle in der Urkunde des Vertrags der Nation gegen ihre Stell-Vertreter Nichts bestimmt worden war; eben so wenig findet aus gleichen Gründen eine Strafe gegen den König Statt.

Alle Verbrechen, um deren willen der König anglagt ist, sind durch den Konstitutions-Akt entweder vorausgesehen oder nicht vorausgesehen worden. Sind sie nicht vorausgesehen, so können Sie ihn darum nicht richten: denn das heiligste Recht aller Menschen ist, nur nach den Gesetzen gerichtet zu werden, die, noch ehe das Verbrechen begangen wurde, gegeben worden sind. Sind sie aber voraus gesehen worden, so können sie keine andere Strafe über ihn verhängen, als die in dem Konstitution-Gesetz angegeben ist.

Die Nation konnte wohl ihre Regierungs Form: aber nicht Ludwigs Loos, ändern. Er kann Ihnen sagen, Als die National-Konvention sich versammelte, war ich Gefangener der Nation:,, Ich war angeklagt wie heute. Warum haben sie mich nicht damals gerichtet? Warum haben Sie mich nicht abgesetzt, ehe Sie die königl. Würde und Regierungs-Form aufhoben. Also weil Sie mich des Königs-Amtes, da es nicht mehr vorhanden ist, jetzt nicht berauben können, so wollen Sie andere Strafen über mich beschliessen? Sie wollen eine andere Strafe auf

suchen

suchen, als die in der Konstitution angegeben ist. Sie wollen. Ankläger, Gesetzgeber, und Richter seyn? — Wahrlich nichts gleicht ihrer Gewalt. Und nur eine Gewalt fehlt Ihnen, die, ungerecht seyn zu dürfen. — Ich sehe nicht, was Sie auf dieß antworten wolle.

Gleichwohl versetzen manche dagegen, die Nation könne, wenn sie nicht auf Souverainetät Verzicht thun wolle, sich nicht darauf einschränken Ludwig XVI. nur mit der in der Konstitution festgesetzen Strafe zu belegen. Nun weiß ich zwar, daß die Nation sich selbst Konstitutions-Gesetze geben konnte: Ich weiß, daß sie sich nicht das Recht, ihre Konstitution zu ändern, nehmen lassen konnte, ohne ihre Souverainetät zu verletzen. Aber sie könnte, ohne gegen sich den Unwillen und das Geschrey des ganzen Welt-Alles aufzureitzen, heute nicht sagen: Ich will das Gesetz, das ich mir selbst gegeben habe, nicht vollziehen, des feyerlichen Eides unerachtet, welchen ich schwur, um es während der ganzen Zeit, da es vorhanden seyn würde, zu beobachten. Die Nation so sprechen zu lassen, hiesse das ganze französische Volk grausam verhöhnen, und aus der Konstitution den schrecklichsten Fallstrick machen, der je einem Menschen gelegt worden ist.

Man hat gesagt, Ludwig könne nach den Grundsätzen des Natur- und Völker-Rechts gerichtet werden. Hierauf antworte ich: Es wäre sehr sonderbar, wenn Ludwig nicht der traurigen Gunst, die jedem Menschen bewilliget wird, geniessen dürfte; des Rechts nemlich, nach den Gesetzen des Landes, worin er sich befindet, gerichtet zu werden. Ohne dies bestehen ja die Verbrechen, welche man ihm zur Last legt, darin, an der Nation Verräther geworden zu seyn: und dieser Fall ist in dem Gesetze voraus gesehen.

Ich spreche nicht davon, daß man gesagt hat, Ludwig müßte im Aufruhr (en insurrection) gerichtet werden. Vernunft und Gerechtigkeit verwerfen gleich stark eine solche Weise über das Schicksal eines Menschen zu entscheiden. Ohne hier einen Unterschied zwischen Insurrektionen eines ganzen Landes und denen eines Theils desselben zu machen, bemerke ich nur, daß jede Insurrektion eine öffentliche Widersetzlichkeit gegen Unterdrückung ist, die man zu erleiden glaubt. Eine solche Widersetzlichkeit kann nicht eine ruhige und reiflich überdachte Bewegung seyn, und ist dann auch kein gerichtliches Urtheil.

Ich spreche nicht davon, daß Einige sagten: *König zu seyn, sey schon ein Verbrechen.* Denn das Verbrechen fiele ja der Nation zur Last, welche gesagt hätte: Ich biete dir das Königsamt an: und hinten nach: Nun will ich dich strafen, weil du es angenommen hast, — Endlich hat die Konstitution auch den Fall ihrer eigenen Verletzung vorausgesehen, und zur Strafe nichts als den Verlust des Königsamtes bestimmt.„

Aus dieser Erörterung ergiebt sich folgender Schluß: wo das Gesetz nicht angewendet werden kann, da kann kein richterliches Urtheil seyn. Wo kein richterliches Urtheil Statt findet, da findet keine Verurtheilung Statt. „

Wenn Sie nun aber Ludwig als Bürger richten wollen, so frage ich: Wo sind die conservirenden Formen, welche jeder Bürger das Recht für sich anzurufen hat? Wo ist die Absonderung der Staats-Gewalten, ohne welche keine Konstitution bestehen kann? Wo ist das stille geheime Scrutinium, welches den Richter auffordert, sich zu sammeln, ehe er ausspricht, welches seine Meinung so zu sagen, aus einem Gewissen in das Gefäß, worinn die Stimmen gesammelt werden, (in die Urne) übergeben läßt? Wo sind alle die gewissenhaften Vorsichtsregeln, welche das Gesetz vorschreibt, damit der Angeklagte sich rechtfertigen könne? — Ich suche unter Ihnen Richter, und ich finde nur Ankläger. Sie wollen über Ludwigs Schicksal aussprechen, und Ihre Meinung, Ihre Stimme, ist längst schon in aller Welt bekannt. Sie wollen ihn weder als Bürger noch als König behandeln.

Ich will Ludwig nicht nur aus Grundsätzen vertheidigen, sondern auch beweisen, daß er nicht schuldig ist. Ich erörtere nur ihre Anklag-Schrift. Deren Punkte enthalten Dinge, die sich 1) vor Annahme 2) nach Annahme der Konstitution zugetragen haben sollen.

Wie konnten Sie Ludwig anklagen, daß er am 20 Junius die Nationalversammlung habe auseinander gehen heissen? Vergessen Sie, daß er Sie aus freien Willen selbst zusammenberufen hatte? Daß seit 150 Jahren die vorherigen Könige, eifersüchtig auf ihre Macht immer die Reichs-Stände verabscheut und nicht zusammen berufen haben? Daß er es war, der den Muth hatte, sie zusammenkommen zu lassen? sich mit dem Volk zu umgeben? dessen Beschwerden Gehör und Gerechtigkeit wiederfahren zu lassen? Vergessen Sie das Opfer, welches er mit seiner zuvor unermeßlichen Macht Ihnen gebracht

E

bracht hat? Denken Sie nicht daran, daß ohne die edelmüthige Gesinnung dieses Fürsten, gegen welche jetzt so viele Stimmen sich erheben, die Nation nicht versammelt wäre?

Sie werfen ihm die Gährungen im Monat Julius, die Kantonirung der Truppen um Paris vor. — Aber diese waren ja nur herbeygerufen, um die Stadt gegen Gährung zu sichern (und die Nationalversammlung von Parthiemachern zu befreyen. Nie wollte er sich der Truppen bedienen, um Ihre Berathschlagungen zu unterdrücken oder zu beherrschen. Und bald darauf, am 4ten August, rief die ganze Nation Ludwig als den Hersteller der Freyheit aus, und verlangte von ihm, daß er sich mit ihr vereinigen möchte, um der Gottheit zu huldigen.

Er berief das Regiment Flandern nach Versailles; wie es die Municipalbeamten dieser Stadt ausdrücklich verlangt hatten.

Die National-Kokarde ist nie in seiner Gegenwart beschimpft worden. Er würde es nie geduldet haben.

Die Vorwürfe wegen der Begebenheiten des 5ten und 6ten Oktobers kann Ludwig nicht besser beantworten, als wenn er nicht davon spricht. Seine und Seiner Familie Leiden an diesem Tage kennt Jedermann. Und sein Betragen wird kein Vernünftiger tadeln. Denken Sie vielmehr an den 4ten Februar, da Ludwig selbst in die Nationalversammlung kam, seinen Eifer für die neuen Gesetze und für alles, was die Nation glücklich machen kann, bezeigte. Erinneren sie sich des Zutrauens, womit

Calonne's sogenannte Kontrerevolution und die damit verbundenen Papiere können nie im Ernste zur Sprache kommen. Denn hat man je in der Welt einen Menschen wegen Papieren gerichtet, die man nach einem gewaltsamen Einbruch in sein Haus gefunden haben will, ohne in Gegenwart Obrigkeitlicher Personen und glaubwürdiger Zeugen ein Inventarium über die vorhandenen Papiere gemacht, und die Siegel angelegt zu haben? Ludwigs Wohnung ward überfallen, seine Schränke und Kommode waren zerschlagen, nirgends aber ein Inventarium verfaßt, nirgends etwas versiegelt worden. Da konnte man Schriften hinwegschaffen, besonders solche, wo durch diejenige, die man jetzt anführt, widerlegt worden wären. Man führt jetzt Briefe eines Verstorbenen gegen den König an; Briefe eines Todten können aber nichts beweisen. Darinn ist von ausgestreutem Gelde die Rede. Wenn die Sache wirklich wahr wäre; so würde sie nicht beweisen, als wie leicht es ist, empfindsamen, wohlthätigen Königen durch Vorstellungen derer, die um sie sind, Geldsummen unter allerley löblichem Vorwand abzunehmen. — Ein Concept eines Briefes an Mirabeau und Lafayette soll vorhanden gewesen seyn. Aber der Brief war nicht fortgeschickt worden. Mirabeau und Lafayette genossen damals die größte Gunst des Volks, und liebten die Konstitution: und in den Briefen war nur vom Wohl des Staats die Rede. — Man wirft dem König seinen Brief an Bouillé vor: da hat er sich aber nicht zu rechtfertigen; denn eben damals hatte die Nationalversammlung für Boulle öffentliche Danksagungen von Seite des Staats beschlossen.

Ludwig sollte durch ausgestreutes Geld und durch bezahlte Pasquille und verläumderische Anschlag-Zettel gegen

gegen die Konstitution, die Assignaten ꝛc. diese verhaßt und verächtlich zu machen, und den Gemeingeist zu vergiften getrachtet haben? Aber alle jene, diese Anklage beweisende Quittungen sind ja nicht bey dem Verwalter der Civilliste, sondern bey dessen Sekretair, den aber Ludwig nicht zu kennen versichert, gefunden worden. Und dann, wenn auch Ludwig wirklich für sein Geld dergleichen Dinge hätte schreiben, drucken und in der Stadt anheften lassen, nicht um den Gemeingeist zu verderben, sondern um ihn zu verbessern und auf den rechten Weg zu leiten; so hätte er Nichts gethan, als was so viele Parthie-Führer damals und seither gethan haben.

Die Versammlung in den Thuillerien am 28ten Febr. kann ihm nicht zur Last gelegt werden. Er war nicht Urheber. Volksgerüchte, daß Ludwig in Gefahr sey, hatten eifrige Hofleute in das Schloß gezogen: und Ludwig befahl ihnen sogleich, die Waffen abzulegen. — Die Mordscene im Merzfeld fällt nicht ihm zur Last, denn er war damals von Amt und Würden suspendirt, gefangen und so scharf bewacht, daß er mit Niemand kommuniziren, also auch jene Auftritte nicht veranlassen konnte. Wenn nun aber Ludwig auch wirklich damals das Interesse der Nation verrathen, und deren Zutrauen mißbraucht hätte: so wäre er zu bedauern, man müßte das Schicksal der Könige beklagen: aber man könnte ihn deshalb nicht richten. Denn die ganze, bis hieher reichende Reihe von Anklagen zerfällt in ein Nichts. Ludwig

Diese war die

mußte es werden, weil es eben diese Neue Allianz und
der ausdrückliche Wille der Nation so wollte.

Nach Annahme der Konstitution wird Ludwig wegen
Vorfällen angeklagt, deren Verantwortlichkeit 1) theils allein auf den Ministern, 2) theils auf ihm persönlich liegt.
— Zuerst jene. — Den Pillnizer Vertrag hat Ludwig
dem Diplomatischen Ausschusse mitgetheilt, sobald er ihn
kannte. Man hielt ihn sehr geheim, und man konnte
nur unvollständige Auszüge davon bekommen. Delessart
würde dieß, und warum er nicht bälder die Distrikte von
Avignon organisirt habe, in seiner Vertheidigung entwi-
ckelt haben, wenn er nicht umgekommen wäre. — Die
Contrerevolution zu Arles, Avignon, Jales, sollten die
Minister durch allerlei Mittel, besonders durch dahin ge-
schickte Kommissarien, begünstiget haben. Das Ministerium konnte man aber nur für die den Kommissarien gegebenen Aufträge, nicht für ihr Thun, verantwortlich
machen. Und wer kann es auf Rechnung des Königs
oder seiner Minister schreiben, wenn da oder dort, besonders in Süden, wo die Köpfe mehr erhizt sind,
unruhige Auftritte sich ereignen. — Wenn Dusai-
lant sich mit den Brüdern des Königs in Contrere-
volutionsplane einließ, so folgt nicht daraus, daß Ludwig
daran Theil gehabt habe. Wäre er Mitverschworner gewesen, so würden nicht jene Geld zu entlehnen gesucht haben, ohne Sicherheitspfänder geben zu können. Ludwig würde
ihnen selbst Geld verschaft haben. Er zeigte vielmehr die
Verschwörung, sobald er sie erfuhr, der Nationalversammlung an, und traf Maasregeln dagegen. — Wittgenstein
hat von Contrerevolution an Ludwig geschrieben. Aber er
konnte es so wenig als irgend Jemand verwehren, daß
nicht jeder Mensch sich schriftlich an ihn wende. Ludwig
tha

that aber, was er konnte. Er stellte den Wittgenstein nirgends mehr an, auch nicht in Korsika. Es ist zwar möglich, daß Lafayette ihn in Norden angestellt, wie Briefe zeigen; aber das Anstellungspatent ist nicht aus der Kriegs-Kanzley an den König gekommen.

Narbonnes Verwaltung kann nicht dem ehemaligen Könige zur Last gelegt werden, da mehrere Dekrete der Nationalversammlung erklären, daß Narbonne das Zutrauen der Nation sich erworben habe. Zugrundrichtungen der Marine kann kein Klagepunkt seyn. Der Seeminister Betrand hat dießfalls jedesmal widerlegt, wessen er beschuldigt wurde. Und da ihn die Nation nicht anklagte, so konnte Ludwig nicht Mehreres thun.

Vom Unglück der Kolonien kann Niemand im Ernst Ludwig als Urheber anklagen; ihn, der jederzeit alles, was er erfuhr, der Gesetzgebenden Versammlung anzeigte, und alle möglichen Anstalten zu Hemmung des Unglücks in den Kolonien traf, der keine Möglichkeit kennt, in seiner Lage die Kolonien zu verderben. — Die Uibergabe von Verdun und Longwy geschah durch die Bürger dieser Orte, nicht durch die Garnison. Und Ludwig war es, der den durch seinen Patriotismus und Heldentod berühmt gewordenen Beaurepaire als Kommandanten in Verdun anstellte. — Wegen Beybehaltung der Schweitzergarden ist Folgendes zu bemerken. Ein Dekret der Nationalversammlung wollte, daß das 1 Regiment Schweitzergarde nur organisirt, das bisherige aber einstweilen bis zur Umänderung bezahlt werde. Am 3ten Jul. befahl die Nationalversammlung den Abmarsch der 3 Bataillone dieses Regiments. Am 17ten machte Affry

Vorstellung gegen diesen Befehl. Ein neues Dekret gebot den Abmarsch von 2 Bataillonen. Affry, in der Klemme zwischen der Kapitulation und dem Dekret machte neue Vorstellungen an die Nationalversammlung. Diese übergeht die Sache als ausgemacht, und nun giengen die 2 Bataillons von Paris ab.

Für Mißhandlungen reisender Franzosen in Deutschland, Spanien, Italien ꝛc. wurde durch Ludwig, wenn er sie erfuhr, jedesmal Genugthuung von den Regierungen jener Länder verlangt und erhalten.

Bis hieher Dinge, wofür nach Inhalt der Konstitution allein die Minister verantwortlich sind. Ludwig hätte mit Recht deren Beantwortung unterlassen können. Aber ich erkläre mich auch hierüber, um zu beweisen, daß Ludwig auch in diesen Vorfällen eben so handelte, als ob er sie der Nation verantworten müßte.

Ihm persönlich wirft man vor: Er sanktionirte das Dekret nicht, welches die Errichtung eines Lagers von 20000 Mann bey Paris anordnete.

Aber die Konstitution stellte es ja dem Könige frey, jedes Dekret zu sanktioniren, oder nicht. Wenn er nun nach seinem Gutachten, indem er ein Dekret nicht bestättigte, weil er es für das Wohl des Staats nicht zuträglich hielt, auch wirklich irrte; so kann man ihn wegen seines Irrthums nicht zur Rechenschaft fordern, nicht anklagen. Gedachtes Dekret erregte in Paris Unruhen; die Pariser Nationalgarde schien dadurch veranlaßt, sich in Parthien absondern zu wollen: dem grössern Theil der Bürgerschaft mißfiel das Dekret: im Ministerium äußerten sich verschiedene Meynungen darüber. Mitten unter diesen Gährungen hielt Ludwig es nicht für vorsichtig, die Sanktion

tion zu verweigern. Um inzwischen nicht die Ruhe des Staats aufs Spiel zu setzen, schlug er die Errichtung eines Lagers bey Soissons vor. Und dies Lager war, wie Jedermann überzeugt ist, dem Staat, und besonders unsern Armeen nützlicher, als jenes bey Paris hätte seyn können.

Auch das Dekret gegen die Priester wurde von ihm nicht sanktionirt. — Aber man legt keinem Gewissen Zwang an. Ludwig konnte ohne Zweifel aus Gewissenhaftigkeit irren. Aber sein Irrthum war Tugend. Erinnern sie sich des merkwürdigen 20ten Junius, und wie er so fest an seiner Meynung hielt, trotz allem Widerstande. Und wenn irgend etwas seine Weigerung rechtfertigen kann, so war es, ich darf es sagen, selbst seine Beharrlichkeit in der Weigerung. Jedoch über jenes Dekret dachte nicht er allein so: auch der damalige Minister Mourgues sagte, daß es mit seinen Grundsätzen und mit seinem Herzen streite.

Ein Brief des Pabstes bey Gelegenheit der Einverleibung des Landes Avignon mit Frankreich kam an Ludwig an. Dies ist wahr. Aber konnte er es verhindern, daß der Pabst an ihn schrieb?

Ludwigs Brief an den Bischof von Clermont, worinn er sein Vorhaben äussert, die Religion herzustellen, sobald er seine Macht wieder erhalten werden, wird ihm vorgeworfen. Aber dieß ist eine blos religiöse Meynung, die nach den ausdrücklichen Worten der Erklärung der Rechte der Menschen vollkommen frey seyn muß. Uibrigens konnte er auch eine legale, konstitutionsmäßige Reform hoffen. Und von dieser Hofnung bis zu dem Gedanken, die Konstitution umzustürzen, ist noch weit. Ohnedieß war der Brief vor Annahme der Konstitution geschrieben;

mehr sprach der Schluß der Konstituton selbst und seine Annahme von legalen Reformen.

Ludwig hat seine Garden noch besoldet, da sie schon verabschiedet waren. Ja, aber zuerst ließe sich der Nationalversammlung das Recht streitig machen, die konstitutionsmässige Garde des Königs zu verabschieden. Jedoch, Er willigte ein, um Unruhen zu verhindern. Und da das Dekret es seinem Willen überließ, aus demjenigen Theil seiner bisherigen Garde, auf welchen das Dekret nicht anwendbar war, dieselbe aufs Neue zu errichten, so war es ganz natürlich, daß er diejenigen, die wieder eintreten sollen, zu besolden fortfuhr. Und Menschenliebe hieß ihn auch die übrigen, da sie sich ihm durch Nichts mißfällig gemacht hatten, und nicht für schlimme Bürger erklärt worden waren, noch ferner bezahlen. Uibrigens war die Bezahlung nicht heimlich sondern durch eine öffentliche Ordre geschehen.

Er soll die Ausgewanderten unterstützt, und den Wiener-Hof für sie durch Gesandten gewonnen haben. — Aber Ludwig hat ja in allen öffentlichen Schriften sich immer der Auswanderung widersetzt. Man suche deshalb in der Kanzley der auswärtigen Angelegenheiten nach. So hatten zum Beweis die Ausgewanderten im Monat Novemb. 1791 von Frankfurt Kanonen, Waffen und Munition kaufen wollen. Er erfuhr es durch den französischen Residenten, und befahl diesem sogleich, dem Magistrat von Frankfurt für seine Weigerung gegen die Auswanderte zu danken, und ihn zu gleicher Wachsamkeit und Beharrlichkeit aufzufodern. Nicht ein wirklicher Ausgewanderter hat von ihm Hilfe erhalten. Zwar hat er zur Unterhaltung seiner Neffen (Söhne des Grafen von Artois) Gelder geschickt, der ältere war 14, der 2te noch

nicht

nicht 11 Jahre alt. Damals war noch durch kein Gesetz das Alter bestimmt, worinn Auswanderung ein Verbrechen würde. Erst inzwischen hat die National-Konvention deßhalb ein Gesetz gegeben. Ludwigs Neffen waren, weil der Staat ihrem Vater alles Vermögen und Einkommen weggenommen hatte, ohne Rettungsmittel.

Sollte der Oheim alle Gefühle von Menschlichkeit erstiken, durfte er denn, weil er König war, nicht mehr Verwandter seyn? Eben so hat Ludwig auch die Erzieherinn seiner Kinder, weil sie sich als solche verdient gemacht hatte, beschenkt. Sie war schon seit 1789 aus Frankreich entfernt. Eben so war Choiseuilbeaupre, der vom König beschenkt wurde, seit 1789 in Italien, und hatte nie die Waffen gegen Frankreich geführt. Und Rochefort, der auch Unterstützung erhalten hatte, war nicht ausgewandert. Doch man wirft Ludwig vor, er habe Geld an Bouille geschickt. Bouilles Brief sagte: Gegeben an Monsieur, Bruder des Königs, auf seine Ordre. Die Wahrheit ist, daß Ludwig nie Geld an Monsieur geschickt hat, und daß diese Ordre, wovon die Rede ist, eine von Monsieur, nicht von Ludwig gegebene Ordre war. Denn in fremden Ländern erließ er dergleichen Ordres. Alles was er gethan, ist, daß er für seinen andern Bruder noch ihm Jahre 1789 aus Mitleiden 400000 Livr. Bürgschaft geleistet hat. Eben so hat er auch für einige Buchhändler, aus Mitleiden, und um den Handel nicht sinken zu lassen, sich verbürgt.

Des Moustier's Betriebsamkeit am Berliner Hofe um eine Contre-Revolution zu bewirken, kann nicht Ludwig zur Last gelegt werden. Jener war nicht Ludwigs,

Die Briefe von Cholseull Gouffier beweisen nur, daß dieser zwey Monate, ehe er als Gesandter aus Konstantinopel zurückberufen ward, seine Dienste den Prinzen angeboten hat, und daß er ihre Antwort drey Tage nach seiner Zurückberufung erhalten hat. Und um dieser Zurückberufungswillen hat er alsdann seine Dienste aufs neue den Prinzen angeboten, und Intriguen gegen den Nationalgesandten Semonville, der seine Stelle dort ersetzen sollte, angelegt. Seine Briefe beweisen, daß er allein handelte, und daß Ludwig in ganz keinem Verhältniß mit ihm stund.

Ein vorhandenes Briefchen, von Monsieur eigenhändig geschrieben, beweist nur, daß seine Brüder damals sich an Ludwig gewendet haben, aber nicht, daß sie mit ihm in Verbindung stunden. Denn aus dem Inhalt desselben läßt sich nicht schliessen, daß Ludwig zuvor von ihnen Neuigkeiten erhalten habe, oder daß sie eine Antwort erwarteten.

Einen Handel mit Korn, Zucker und Kaffee hat Ludwig nie getrieben. Jährlich hat Er, wie seine Vorgänger, eine bestimmte Summe zu Guttaten ausgesetzt. Diese vertraute er im Jahr 1790 seinem Schatzmeister Septeuil an, welcher sie in Effekten auf Paris, und nachher auf die Fremde anlegte. Und es scheint, Septeuil, als Eigenthümer eines beträchtlichen Vermögens, habe eine Spekulation gemacht. Dieser hat auch in einer öffentlichen Erklärung gesagt, daß seine Spekulationen nicht Ludwigs Sache seyen.

Contre-Revolutionsabsichten hatte Ludwig nie. Kompagnien und Journale, die auf diesen Zweck arbeiteten, zu bezahlen, wie man ihm vorwarf, dazu erniedrigte er sich nie. Sollten aber Ministers Journale, welche
sie

sie für nöthig hielten, besoldet haben, so hat Ludwig nie Etwas davon erfahren.

Ludwig sollte Mitglieder der Nationalversammlung zu bestechen, und in seine Parthie zu ziehen gesucht haben! — Wer sollte aber je glauben können, daß sich nur Ein Mitglied der gesetzgebenden Versammlung so zu verkaufen fähig wäre. Man führt bey jener Beschuldigung einen Brief des Verwalters der Civilliste an Septeuil an, worinn er ihn um anderthalb Millionen Livres auf den folgenden Tag bittet. Zuerst fragt sich, ob dieser Brief ächt sey. Auch könnte ich fragen, ob man jetzt, da dieser Verwalter todt ist, zu seinem Nachtheil einen Ausdruck eines Briefs auslegen dürfte, den er vielleicht, wenn er lebte, deutlich erklären würde. Uibrigens ergiebt sich aus dem Ganzen, daß Ludwig allein es war, der den Entwurf eines Dekrets verhinderte; daß er seinen Zorn darüber äusserte, als man ihm davon sagte. Und was war der Grund zu diesem Projekt? Wenn er sich von den Pensionen, welche auf die Civilliste gelegt worden waren, hätte befreyen wollen, so hätte er denselben ja nur erklären dürfen, daß er sie nicht mehr bezahlen werde. Würde er nicht eine gerade Aeußerung seines freyen Willens einem solchen Mittel, das ihn in Verlegenheit setzen konnte, vorgezogen haben?

Ludwig soll seine Garde du Korps zu Koblenz besoldet haben! — Hier habe auch ich, so wie Sie, Ludwigs Aufrichtigkeit und Glauben im Verdacht gehabt. Aber seine Vertheidigung hat mir die Sache erläutert. Der Verwalter der Civilliste, Laporte, hat am 24. Dec. 1791 an Septeuil geschrieben: „Die Absicht des Königs

Er will aber, daß nicht mehr die Masse an den Stab, sondern der Sold an jeden einzelnen Mann bezahlt werde; und zwar so, daß jeder selbst jedesmal eine Quittung dafür ausstelle, und zuvor durch einen gesetzlich bestimmten Schein beweise, daß er sich bisher in dem Königreiche aufgehalten habe: Und vom Neuen Jahre an sollen alle Ausgaben auf die Garden du Korps anshören." Dieses wichtige Aktenstück zerstreut allen Verdacht. Alle andere Papiere, die sich auf diesen Gegenstand bezogen, waren überall abgedruckt, und in der ganzen Welt bekannt geworden. Und nur diese Schrift allein, welche alles andere über diesen Gegenstand gesagte und verbreitete rechtfertigen konnte, blieb bis daher unbekannt. Diese Schrift mußte sich in Septems Papieren finden: denn sie war ihm als Beweis zu Rechtfertigung seiner Zahlung nothwendig. Und gleichwohl findet sie sich nicht da. Endlich aber ist es Ludwig doch gelungen, aus der Kanzlei eine beglaubte Abschrift davon zu erhalten. Urtheilen Sie nun selbst! wenn Ludwigs Papiere in seiner Gegenwart versiegelt, und wieder eröffnet worden wären; welche befriedigende Belehrungen hätte man sich dadurch verschaft? Wie glücklich man gewesen wäre, sich in allem zuverlässig unterrichten zu können, und nicht in der wichtigsten Sache im Finstern tappen zu müssen?

Endlich kommen wir an den 10. August 1792. Wenn wir Ludwig der Verbrechen dieses Tages schuldig gehalten hätten, so würden uns Sie nicht als seine Beystände mit unserer muthvollen Wahrheitsliebe auftreten sehen. Sie zwar könnten, da Ihnen seit gedachtem Tage alles gelingt, grosmüthig sich zeigen: wir fordern jedoch nur, daß Sie gerecht seyn mögen. Sie erinnern sich des 20. Junius und des Widerstandes, den Ludwig dem Volk
ent

entgegenſetzte. Man zog daraus einen Vorwand, um daſſelbe in Unruhe zu ſetzen. Man ſprach von Flucht, von Zurüſtungen zur Vertheidigung, von verſteckten Waffen, von zuſammengehäuften Montirungen. Die Gährung wächst immer. Und ſo vergeht endlich der Monat Julius. Am 26. Jul. ſchrieb Ludwig an den Maire, er möchte kommen und ſein Haus durchſuchen, ob er Waffen ꝛc. fände. Dieſer antwortet: er werde zwey Municipalbeamten dazu ſchicken. Viele Tage vergehen, und die Durchſuchung des Wohnſchloſſes des Königs geht nicht vor ſich. Ludwig ſchreibt dann der Nationalverſammlung die Lage, worinn er ſich befindet: Sie beſchließt Nichts. Die Gährung ſteigt immer. Man ſpricht von Abſetzung des Königs: man verlangt ſie überall. Eine Addreſſe wird deshalb aufgeſetzt. Kommiſſarien der Abtheilungen der Stadt Paris, mit dem Maire an der Spitze, erſcheinen vor der Nationalverſamlung. Man kündiget an, daß, wenn von ihr die Abſetzung nicht am 9. Auguſt ausgeſprochen ſeyn würde, man in der folgenden Nacht die Sturmflocke läuten, und das Volk in vollem Aufruhr ſeyn werde. Täglich erfährt Ludwig dieſe Stürme unter dem Volk. Anfänglich verachtet er dieſe Gerüchte: bald aber fürchtet er in ſeiner Wohnung überfallen zu werden. Er beſetzt ein Schloß mit Schweitzern und Nationalgarden: er unterhält den emſigſten Briefwechſel mit allen Amtsſtellen des Volks. Der 9. Auguſt bricht an, und bringt neue Beſorgniſſe. Ludwig verdoppelt die Vorſichtsanſtalten: er verſammelte alle Staatsgewalten um ſich her, beſonders alle die Stadtobrigkeitliche Perſonen, die am meiſten über den Geiſt des Volks vermochten: Und dieſe fordern *..* laſſen.

rücken vor. Kanonen werden abgefeuert: Der Generalprokurator Syndikus und die Municipalbeamte der Stadt
sprechen mit dem Volk; aber ihre Zuredungen sind frucht-
los. Die Bewegung wird immer stärker. Die Gefahr
wächst. Der Generalprokurator Syndikus fordert die
Truppen aufs neue auf, die Wohnung des Königs zu
schützen. Er liest ihnen das Gesetz vom 5. Oktober, (das
Gewalt mit Gewalt abzutreiben bevollmächtiget) vor.
Statt einer Antwort feuern die Kanoniere vor seinen
Augen ab. Er geht zurück, und sagt dem Könige, was
vorgehe. Dieser zeigt der Nationalversammlung seine
Lage an. Diese erklärt sich nicht. Die Mitglieder des
Departements rathen dem Könige an, sich in die Nationalversammlung zu begeben. Er willigt ein. Eine Stunde
nachher ... da fängt unser Unglück an.... Hier
haben Sie Thatsachen.

Und nun, gerechte Männer, vergessen Sie die
schrecklichen Erfolge dieses Tages, und sagen Sie mir,
wo finden Sie Ludwigs Verbrechen? nach seinem Hingang
in die Nationalversammlung? oder vorher? Nachher kann
es nicht seyn. Denn Ludwig hat keine Befehle gegeben.
Wie hat sich denn das Gefechte ereignet? Er weiß von
Nichts: und ohne Zweifel wird es auch die Geschichte nicht
wissen.

Auch zuvor entdeckte ich Nichts. Ich sehe Ver-
theidigungs- aber nicht Angriffsanstalten. Er hatte die
Schweitzer beybehalten, weil sich die Nationalversammlung nicht hatte hinlänglich darüber, daß sie abmarschiren
sollen, erklären wollen. Er blieb bey dem Dekret vom
17. September stehen: nach diesem konnte er Schweitzer
zu seiner Leibwache haben. Sie werfen ihm vor, er habe
über die Truppen in jener Nacht Revüe gehalten. Warum

rum werfen sie nicht auch dem Maire vor, daß er die Posten visitirt hat? Ludwig war eine Staatsgewalt: er mußte sich in Respekt erhalten. Und die Gewalt, die ihm die Konstitution zutheilte, legte sie ihm nicht die Pflicht auf, sich nicht angreifen zu lassen? Sie werfen ihm vor, er habe das Blut der Bürger vergiessen gemacht; ihm, der keinen Befehl dazu gegeben hat, der am 6. Oktober seinen Garden gebot, sich nicht zu vertheidigen; der lieber als Gefangener aus Varennes zurückwandern, als den Tod Eines Menschen verursachen wollte; der am 20sten Jun. sein Leben mitten unter dem Volk der Gefahr Preis gab, und allen Beystand seiner Getreuen nicht annahm.

Wer kann ihm nun die Schuld dieses Tages beymessen; in diesem Saale, wo viele unter ihnen, so wie ganze Deputationen der Stadt, sich als die Männer vom 10. August, als die Urheber dieses Tages gerühmt haben: zu einer Zeit, da Jedermann weiß, daß und durch wen der ganze Vorgang künstlich vorbereitet, daß der ganze Aufstand durch ein Direktorium, einen zahreichen Rath, und viele Agenten betrieben, daß schriftliche Akkorde und Verabredung deshalb gefaßt und unterzeichnet worden. Und von diesem Vorgang wollen Sie Ludwig als den Urheber erklären, und ihm ein Verbrechen daraus machen

Hören Sie die Geschichte sprechen. Ludwig bestieg im 20sten Jahre den Thron. Er war ein Beyspiel von Sitten, Gerechtigkeit und Oekonomie. Er schafte die Leibeigenschaft in Domänen ab. Das Volk wollte die Freyheit, er gab sie ihm. (*) Man kann Ludwig den Ruhm, den Wünschen des Volks immer entgegengegangen